陳平原 主編

三聯人文書系

灸針PK柳葉刀：醫療變遷與現代政治

楊念群 著

U0103623

JPC HK

三聯人文書系
主　　編　陳平原
責任編輯　楊　昇
書籍設計　a_kun

書　　名　灸針 PK 柳葉刀：醫療變遷與現代政治
著　　者　楊念群
出　　版　三聯書店（香港）有限公司
香港北角英皇道四九九號北角工業大廈二十樓
Joint Publishing (H.K.) Co., Ltd.
20\F., North Point Industrial Building,
499 King's Road, North Point, Hong Kong
香港發行　香港聯合書刊物流有限公司
香港新界荃灣德士古道二二〇至二四八號十六樓
印　　刷　美雅印刷製本有限公司
香港九龍觀塘榮業街六號四樓A室
版　　次　二〇二〇年十二月香港第一版第一次印刷
規　　格　大三十二開（141 × 210 mm）二五六面
國際書號　ISBN 978-962-04-4763-1

總序

陳平原

老北大有門課程，專教「學術文」。在設計者心目中，同屬文章，可以是天馬行空的「文藝文」，也可以是步步為營的「學術文」，各有其規矩，也各有其韻味。所有的「滿腹經綸」，一旦落在紙上，就可能或已經是「另一種文章」了。記得章學誠說過：「夫史所載者，事也；事必藉文而傳，故良史莫不工文。」我略加發揮：不僅「良史」，所有治人文學的，大概都應該工於文。

我想像中的人文學，必須是學問中有「人」——喜怒哀樂，感慨情懷，以及特定時刻的個人心境等，都制約着我們對課題的選擇以及研究的推進；另外，學問中還要有「文」——起碼是努力超越世人所理解的「學問」與「文章」之間的巨大鴻溝。胡適曾提及清人崔述讀書從韓柳文入手，最後成為一代學者；而歷史學家錢穆，早年也花了很大功夫學習韓愈文章。有此「童子功」的學者，對歷史資料的解讀會別有會心，更不要說對自己文章的刻意經營了。當然，學問千差萬別，文章更是無一定之規，今人著述，盡可別立新宗，不見得非追韓摹柳不可。

錢穆曾提醒學生余英時：「鄙意論學文字極宜著意修飾。」我相信，此乃老一輩學者的共同追求。不僅思慮「說什麼」，還在斟酌「怎麼說」，故其著書立說，「學問」之外，還有「文章」。當然，這裡所說的「文章」，並非滿紙「落霞秋水」，而是追求佈局合理、筆墨簡潔，論證嚴密；行有餘力，方才不動聲色地來點「高難度動作表演」。

與當今中國學界之極力推崇「專著」不同，我欣賞精彩的單篇論文；就連自家買書，也都更看好篇幅不大的專題文集，而不是疊床架屋的高頭講章。前年撰一《懷念「小書」》的短文，提及「現在的學術書，之所以越寫越厚，有的是專業論述的需要，但很大一部分是因為缺乏必要的剪裁，以眾多陳陳相因的史料或套語來充數」。外行人以為，書寫得那麼厚，必定是下了很大功夫。其實，有時並非功夫深，而是不夠自信，不敢單刀赴會，什麼都來一點，以示全面；如此不分青紅皂白，眉毛鬍子一把抓，才把書弄得那麼臃腫。只是風氣已然形成，身為專家學者，沒有四五十萬字，似乎不好意思出手了。

類似的抱怨，我在好多場合及文章中提及，也招來一些掌聲或譏諷。那天港島聚會，跟香港三聯書店總編輯陳翠玲偶然談起，沒想到她當場拍板，要求我「坐而言，起而行」，替他們主編一套「小而可貴」的叢書。為何對方反應如此神速？原來香港三聯向有出版大師、名家「小作」的傳統，他們現正想為書店創立六十週年再籌畫一套此類叢書，而我竟自己撞到槍口上來了。

記得周作人的《中國新文學的源流》一九三二年出版，也就五萬字左右，錢鍾書對周書有所批評，但還是承認：「這是一本小而可貴的書，正如一切的好書一樣，它不僅給讀者以有系統的事實，而且能引起讀者許多反想。」稱周書「有系統」，實在有點勉強；但要說引起「許多反想」，那倒是真的——時至今日，此書還在被人閱讀、批評、引證。像這樣「小而可貴」、「能引起讀者許多反想」的書，現在越來越少。既然如此，何不嘗試一下？

早年醉心散文，後以民間文學研究著稱的鍾敬文，晚年有一妙語：「我從十二三歲起就亂寫文章，今年快百歲了，寫了一輩子，到現在你問我有幾篇可以算作論文，我看也就是有三五篇，可能就三篇吧。」如此自嘲，是在提醒那些在「量化指標」驅趕下拚命趕工的現代學者，悠着點，慢工方能出細活。我則從另一個角度解讀：或許，對於一個成熟的學者來說，三五篇代表性論文，確能體現其學術上的志趣與風貌；而對於讀者來說，經由十萬字左右的文章，進入某一專業課題，看高手如何「翻雲覆雨」，也是一種樂趣。

與其興師動眾，組一個龐大的編委會，經由一番認真的提名與票選，得到一張左右支絀的「英雄譜」，還不如老老實實承認，這既非學術史，也不是排行榜，只是一個興趣廣泛的讀書人，以他的眼光、趣味與人脈，勾勒出來的「當代中國人文學」的某一側影。若天遂人願，舊雨新知不斷加盟，衣食父母繼續捧場，叢書能延續較長一段時間，我相信，這一「圖景」會日漸完善的。

最後，有三點技術性的説明：第一，作者不限東西南北，只求以漢語寫作；第二，學科不論古今中外，目前僅限於人文學；第三，不敢有年齡歧視，但以中年為主——考慮到中國大陸的歷史原因，選擇改革開放後進入大學或研究院者。這三點，也是為了配合出版機構的宏願。

二〇〇八年五月二日
於香港中文大學客舍

目錄

自序：當手術刀插入中國人身體的時候，到底發生了什麼？

一看標題可能有人覺得這個問題很奇怪，對一個病人而言，手術刀插入身體一般只有兩種結局：身體康復或者不治身亡，也許還有第三種可能：不死不活。總之，現在中國人對開刀這件事已經不會大驚小怪，因為大家都知道，看病除中醫之外，西醫是唯一的選項，誰不知道開刀排毒是西醫的拿手活，區別只不過是你願不願意躺在手術台上任人處置罷了。可是在一百多年前，刀割人體全然是大忌，身體髮膚受之父母，別說肉體受損，就是幾寸頭髮被剪掉都會鬧得刀光血影，屍橫遍地，不信你就看看清朝發佈剪辮令後江南士人的反應。

與剃髮相比，外科手術無疑是對身體的深度侵犯，不僅病人心理極易陷入恐懼，一旦進入手術階段，其周邊環境也會從熟悉變得陌生，比如中醫習慣的是家訪，哪怕是老大夫坐堂看診也給病人一種親密的居家感覺，並不覺得隔膜。西醫手術在空間上要求無菌狀態，會有意強化治病氛圍的陌生感，在病人眼裡，僅醫師穿著的白大褂就貌似葬禮喪服，很容易引起病人及家屬的生理不適。這些看似微妙的感覺差異實際上往往隱藏著病人擇醫心理背後的文化考量。

在我看來，手術刀插入中國人身體所引起的震動，絕不是一種簡單的「擇醫」過程，其背後應予關注的是中國人如何重新定義自己的身體，以及由此引發的心理變化問題。接受西醫對身體的改造意味著中國人對自己周邊世界的認知從此發生了劇變，手術刀既重塑了身體，也更新了觀念。舉個簡單的例子，當初中國人在鄉村中與熟人相處的方式是家長里短地打招呼串門，是不分彼此地相互幫助，直到某天，當一座形制特別的教堂在家族鄰里之間突然矗立起來，教堂裡面的人時常「詭異」地崇拜一具釘在十字架上的洋人屍體時，不引發群體恐慌那才是怪事。而西醫進入百姓的日常生活也與教堂的「詭秘」活動密切相關。

據西方醫療史考證，醫院幾乎就是教會慈善空間的自然延伸，中國的教堂與醫院大多為傳教士所建，在中國人的腦海裡，這兩種建築都屬神秘封閉的場所，崇拜耶穌屍體與切割人體器官幾乎可以同構到一個想像畫面之中，難以讓人接受。晚清發生的大量教案中，教堂與醫館常常一起被打砸焚燒即是個鮮明的例子。晚清以來的歷史證明，過激行為與文化誤解使中國人被迫戴上了「東亞病夫」的帽子，為了甩掉這頂帽子，反過來又進一步誘發了更為激烈的暴力反抗行動。與此同時，西醫對國人身體的改變乃是在昭示一種新的世界觀。這套世界觀描述的圖景在中國人的眼裡是如此陌生，以至於他們常常把教堂想像成邪教流毒的場所，把手術室當作了挖眼刨心的魔窟。

記得在耶魯神學院收集資料的時候，我曾偶然發現數十幅油畫，讓我感到震驚的是，這些油畫描繪的都是一些扭曲病態的中國人，畫面幾乎清一色表現的是身扛一顆或大或小瘤子的病人；另有一幅是瘤子切割前後的對比圖，左邊顯示病人肩上頂著一顆瘤子，右圖則是瘤子摘除後的圖像。我當時的第一反應是，這些洋人好生奇怪，怎麼放著耶穌貴族不描，拋開風花雪月不畫，卻專門幹起了這醜化中國人的勾當。可仔細觀瞧就能感覺到，這些畫裡一定暗藏玄機，其極力彰顯的隱喻主題是，通過摘除瘤子前後的畫面對比，說明西人已經把一個身陷痛苦的病態中國人徹底改造成了一個健康的新人。

從這幅畫中我還了解到，一把手術刀切入身體和一根灸針扎入人體的涵義其差別竟然如此巨大。它絕非僅僅表現出的是醫療史意義上的中西醫之爭，其背後隱藏著的是兩種觀念、兩種制度、兩種文化之間的反差與衝突。所以，手術刀與灸針之間的較量，也不應該僅僅屬醫史講述的故事。在這個故事裡，還應該有傳教士、產婆、巫醫、草醫、赤腳醫的身影，也應該有軍人、政治家、警察、陰陽先生和普通百姓的活動畫面。他們共同編織了一幅中國近代歷史變遷的複雜絢爛圖景。一把手術刀切入人體的那一刻，就與身體感受、社會組織、城市改造、政治動員等等一系列的變化過程緊密糾纏在了一起，難以清楚地相互剝離。觀察這些歷史要素如何發生互動與交集才是最有趣的事情，而不是預先遵循西醫無敵與中醫沒落的二元對立公式，人為構造出一個中西醫衝突的現代化解釋模式，或據此展開一個單向性的演化線索。

需要說明的是，這本小冊子收錄的幾篇文章很容易被歸類進所謂「醫療史」研究，其實我一直在反覆澄清，本人對中醫西醫的相關知識幾乎為零，所以每當有人問我相關的醫療專業問題時我都會因為回答不上來深感汗顏。因此，這些文章尚無資格稱之為專門的「醫療史研究」。所謂關涉「醫療」的這部分內容只不過為我觀察中國近百年歷史變化提供了若干新視角，或者搭建了一個研究政治史的獨特平台。

與西方相比，中國人對各類政治活動的參與程度之高令人難以想像，不僅個人時常被強迫納入到各種政治運動中去，而且經常身不由己地成為社會組織規訓中無法逃避的一分子，不管其選擇方式是被動還是主動，如果不能理解中國人言行背後隱秘的政治邏輯，反而不斷陷入各種細碎專門的討論之中，就很難把握歷史變化的主脈和實質，因此，對中國政治狀況演進態勢的觀察應該是所有歷史研究的終極目標。這些文章涉及中國人在西醫治療下的身體感受，個體如何在新的社會空間裡得到安置，以及這些安排在相關治理體系的配合之下是如何被制度化的，最後則試圖辨析這種制度化設計在某一特定時刻如何轉換成了廣泛的政治動員。本書的主題可以提煉出以下幾個關鍵詞：身體、空間、制度和社會動員。按照這個線索，我希望讀者可以尋覓出一條從醫療史角度觀察中國政治變遷的新路徑。

楊念群

二〇二〇年一月六日

「地方感」與西方醫療空間在中國的確立*

* 作者感謝耶魯大學神學院圖書館特藏室主任 Martha Lund Smalley 女士在資料方面提供的諸多幫助；感謝香港道風山漢語基督教文化研究所道風基金對本文寫作的支持；感謝香港中文大學中國文化研究所同仁對本文的構思提出的批評意見。

內容提要

本文探討的主題是，中國人如何接受原本較為陌生的西方醫療空間。歷史資料顯示，中國人自古並沒有把親人委託給家庭外的成員進行護理的傳統。「醫院」作為一種空間形式嵌入中國社會是近代以來發生的事。本文認為，中國民眾接受西方醫院並非完全受精英知識論和國家權力干預的支配，而是中國的地方傳統與西方的醫療空間在多方面達於妥協的結果，中國的醫療空間與西式的醫療空間一直存在著某種張力關係。這項研究有別於一般的醫學史的方法是，把外來空間與傳統空間的碰撞與契合放在較為廣闊的社會語境中加以審視，並以惠愛精神病院為例，仔細考察了地方社會對西方醫療體系採取的本土化應對策略。

關於近代中國人如何接受西方醫療與保健體系，國內傳統醫學史的權威看法基本上秉承的是一種政治經濟學式的分析架構，這套架構概括起來大致包涵兩個核心要素：一是基本認定西方醫療與保健體系是廣泛波及全球的現代化擴張過程的一個組成部分，中國人對醫院組織中的現代性因素的被動認同只不過是諸多「衝擊—回應」大潮中濺起的一朵小小浪花而已；二是中國人對醫療空間的接納基本上是一種精英化操作行為，其具體表現特徵是，近代受西學影響的新知識階層通過一種「知識論」式的建構過程（最為典型的是所謂「中體西用」思想框架的確立），由上而下地直接強行推導出醫療制度的變遷圖景。而下層醫療制度的變遷彷彿理所當然地可由新型知識群體設計的思想脈絡中延伸出來，構成一體化的變革範式。【一】這套框架還認為，從洋務運動開始，中國近代化的歷程基本上是由上層精英變革話語經由國家系統運作向下層展開，變革在國家制度中的體現大體上是與知識精英的話語相疊合的，所以知識話語的設計似乎完全是一種國家變革得以實現的藍本與依據。不難想像，這種觀察實際上把基層社會中普通百姓對外來事物的接受策略和變通取向完全摒棄在了研究視野之外，或者乾脆把普通百姓對醫療空間的認知方式混同於知識階層的言述策略，從而先驗性地認定了二者的同一性質。

本文認為，儘管在現代化過程中，國家制度與精英話語的導向無疑佔據著知識生產和制度建設的主導地位，近代知識論推導出的制度化力量也不能說不起著相當強勢的支配作用，比如新式學堂的設立在基層社會中的影響即是突出的例證。但是，如果我們從基層社會的角度觀察普通百姓如何接受新的事物，包括以醫院體系為代表的西式醫療空間，也許他們所依據的理由恰恰與知識精英設計推導出的自足性觀念有相當大的歧義性。具體言之，基層社會有可能憑恃自身獨有的價值判斷、意識趣味和認知取向去審視西方醫療空間在中國的存在與拓展，這種獨有的感覺與認知體系，就是空間社會學所說的「地方感」的認同現象。按照新人文地理學的看法，對於基層的民眾來說，地方（place）絕不僅僅是知識精英任意審視和操作的客體，它被每

【一】參見李經緯：《西學東漸與中國近代醫學思潮》（武漢：湖北科技出版社，一九九〇年）。

一個個體視為一個意義、意向或感覺價值的中心；一個動人的、有感情附著的焦點，一個令人感覺到充滿意義的地方。【一】

布迪厄（Pierre Bourdieu）曾經有一個關於「地方感」的簡明解釋，他說社會空間的構造方式，乃是佔有相似或鄰近位置的作用者，會被放置在相似的狀況（condition）與限制條件（conditionings）下，並因此很可能有相似的習性（dispositions）與利益，從而產生相似的實踐，佔有一位置所需的習性，暗含了對於這個位置的適應，這就是高夫曼（Goffman）所說的「地方感」（sense of one's place）的涵義。【二】如布迪厄所述，區別於知識精英認知體系的民眾擁有的「相似的習性」與「相似的實踐」及由此構成的「地方感」，很可能使他們並不一定按照知識精英設計的理性脈絡去理解與接納類似醫院之類的西方事物。比如歷史上的西醫傳教士運用「疾病類型學」的灌輸方法推廣西醫治療技術，就未必會在百姓中達致預期的效果。本文所要論證的是，基層民眾由於大多秉持傳統的「地方感」意識，他們在接受西式醫療空間時不一定完全受上層知識論推導出的變革策略的支配。他們之所以認可西方醫學及其治療系統，可能恰恰是認為，這一外來事物與「地方感」中包涵的價值理念有相吻合至少是不相衝突之處。同時我們也會在下面所舉的個案中看到，西醫之所以能夠在中國基層社會中立足生根，也恰恰在於多方面迎合了中國民眾「地方感」結構中的價值判斷與心理取向。本文認為，只有充分估計基層民眾「地方感」在近代社會變革中的有效作用，才能較為全面地理解中國人接受西方醫療空間的真實動機和原因。

一、「地方感」與現代醫療體系的切入方式

（一）「委託制」在西方的歷史淵源

要想了解中國人接受西方醫療空間的真實動因，就必須首先有比較地鑒別中西兩種醫療制度存在的歷史形式和社會基礎。從歷史記載來看，中國人的頭腦中自古就缺乏外在於家庭的醫療空間的概念，更遑論保健與護理的現代醫學意識。一般而言，中國的醫療與護理程序均以家庭為單位，治療過程也是圍繞家庭得以進行，現代醫療系統的嵌入，則是在「家庭」之外另立了一個對於普通中國人來講完全是陌生的空間。其形式具有不相容於中國傳統社會的邊緣性質。據醫學史家研究，中國傳統社會的醫事制度基本上是圍繞王權的需要而設置的，歷代的太醫院系統雖分科頗細，如元明兩代太醫院均分十三科，但都是就中央官醫的需求而定。【三】李

【一】參見〔美〕艾蘭·普瑞德（Allan Pred）著，許坤榮譯：〈結構歷程和地方——地方感和感覺結構的形成過程〉，載夏鑄九、王志弘編譯：《空間的文化形式與社會理論讀本》（台北：明文書局，一九九四年增訂再版），頁八六。

【二】〔法〕布迪厄：〈社會空間與象徵權力〉，載夏鑄九、王志弘編譯：《空間的文化形式與社會理論讀本》，頁四三五。

【三】廖育群：《岐黃醫道》（瀋陽：遼寧教育出版社，一九九一年），頁二八二。

約瑟（Joseph Needham）從維護中國科學在世界中的先導性地位出發，認為有關醫院的比較完整的概念至少在漢代時期就已經出現。第一個附帶有診所的救濟機構是由公元四九一年的南齊君主建立的。公元五一〇年，第一個政府管轄的「醫院」也隨之建立，省一級半官方半私人的「醫院」在隋代似已出現。比如公元五九一年，隋代有一位退休官員就曾出家資為感染流行病的數千平民提供藥品和醫療服務。李約瑟特別提到蘇東坡在一〇八九年任職杭州時，為自己在杭州建立的政府醫院提供了豐厚的捐助，從而為其他城市樹立了榜樣。【一】

查考史籍《南齊書．文惠太子傳》，其中確曾記載，南齊有「六疾館」以養窮民。《魏書．世宗紀》稱有收治京畿內外疾病之徒的醫館，由太醫署「分師療治，考其能否，而行賞罰」。再往後則唐代有「養病坊」，宋代有養濟院、安濟坊、福田院、慈幼局、漏澤園等。《元史．百官四》則稱，元代有「廣惠司」，除「掌修製御用回回藥物」外，亦「和劑以療諸宿衛士及在京孤寒者」。元代的「大都惠民局，秩從五品，掌收官錢，經營出息，市藥修劑，以惠貧民」，燕京等十路曾設過「惠民藥局」，「官給鈔本，月營子錢以備藥物，仍擇良醫主之以療貧民」。【二】以上舉示的這些片斷史料似乎已能連綴出一幅古代醫院頗具規模的空間效果圖。如果細究其特徵，不難發現這些機構大多緊密附屬於太醫院體系，如大都惠民局秩從五品，受太醫院轄制，實際是御藥院的一種。由於為王權服務的職能所限，古代醫療機構為平民醫治的程度和規模肯定受到很大限制，而且這些機構「施醫給藥」的行為並未從古代慈善網絡的功能中分化出來，從而並非是近代意義上醫療專門職事的表現，極易受人亡政息世事變動的影響。

中國由私人運作的醫療空間出現於晚明時期，據 Angela Ki Che Leung 的研究，到了明代，帝國社會福利責任的一部分已經轉移到了地方，官方在公共健康事務方面表現出的能動主義傳統漸呈萎縮狀態，晚明國家已基本停止在醫療照顧方面作為人民福利的中樞系統發揮正常的作用。明清之際，地方私人組織逐步替代了國家的職能。【三】晚明學者楊東明曾在家鄉河南創設了廣仁會，專門為地方民眾的需要提供藥方和醫療救助。他說動地方富紳作為贊助人，每天接待病人約七百人。最突出的例子是鄉紳祁彪佳的作為，他從官位退休八年以後組織了一個慈善診所。診所的成立正值饑荒與傳染病威脅其家鄉紹興的時候，在兒子死於天花後的第十天，祁彪佳與十位有名望的地方醫生達成協議，合力運作診所。診所坐落於城裡最古老寬敞的大廟之內，每天有兩個醫生提供醫療服務，每個醫生六天一換班輪值，在一六三六年六月至八月的時間裡約有一萬人獲救。隨著時間的流逝，診所組織日趨複雜，成員已包括一個總管、一個會

【一】Joseph Needham, *Clerks and Craftsmen in China and West*, Cambridge University Press, 1970, pp. 277-278.

【二】廖育群：《岐黃醫道》，頁二八七—二八八；又參見陳邦賢：《中國醫學史》（上海：商務印書館，一九三七年），頁二〇八。

【三】Angela Ki Che Leung, "Organized Medicine in Ming-Qing China: State and Private Medical Institutions in the Lower Yangzi Region", *Late Imperial China*, Vol. 8, No. 11, June 1987, p. 145.

計、一個登錄員和一個醫療總監。兩間隔離男女病人的房間也建立了起來。由十二名醫生輪流負責。明末清初，這類診所已成為城市基礎制度的一部分。【一】

通過以上觀察，我們注意到明末清初地方精英雖在相當程度上使醫療程序擺脫了王權控制的模式，並順利轉移為一種「地方性事物」，但是地方精英所支持和運作的診所體制仍沒有擺脱傳統慈善事業的形象，比如一六九三年江南成立的一個診所，其主體功能主要是在六至七月份分發藥品、掩埋屍首、常年派發棺材等等慈善活動。【二】診所系統也沒有像西方社會那樣真正從醫學專門化的角度界定出基層社會與醫學空間的嚴格界限。十八世紀歐洲醫學革命的一個最突出的成就，就是利用醫學空間把病人與他的家庭和社區組織徹底分割開來，醫療空間實際具備了某種「虛擬家庭」的作用。【三】從十三世紀到十九世紀，西方醫院功能尚有一個被層層剝離的過程，例如在十三世紀的時候，除了圈禁麻風病人外，醫院的目的根本無法明確界定，它可能是養老院、避難所、未婚母親教養院、旅遊者的客棧，也可能是治病的地方，最為重要的是，醫院也許會包容全部這些目的和功能。十三世紀以後，醫院才開始慢慢拒絕收容並無真正病因的社會人員，它兼具流浪漢旅館和招待所的時期才得以終結，醫療空間由此完成了與一般慈善組織的分離，明清之際的中國診所顯然還沒有出現這種近代式的分化現象。【四】按照米歇爾·福柯（Michel Foucault，又譯作「傅柯」）的説法，現代醫療空間必須具備兩大相關要素，即展佈（distribution）和分析（analysis），人們在醫院中會觀察到怎樣分配病人使之相互隔離，醫院空間如何被分割和疾病如何在分析程序中被系統地加以分類。行為和組織化的程序在醫院中逐步代替了簡單的身體行動。所謂現代人道主義的誕生正是伴隨著醫療空間中知識、身體、計劃、統計數字的日益完善而達致的。【五】很顯然，在明清之交的江南地方性診所中，雖有對病人醫治空間進行「分割」與「分析」等現代功能萌芽的出現，但是對病人治療程序的控制與護理，以及對病人實施專門化的隔離等措施尚處於不健全狀態，無法從身體發展中達致類似西方醫療空間形式化的監控標準。從這一層面來看，地方性診所仍是社區運作的一個組成部分而無法獨立出來。

因是之故，中國江南乃至其他地區的地方性診所不可能成為與社區服務暫時分隔的受託機構，最明顯的例子是，中國人根本無法接受把親人託付給陌生人照顧這種絕情的方式，而西方醫療空間的現代性真諦恰恰就是對所謂「委託制」的默認，身心的交付成為進入現代醫院的基

【一】Angela Ki Che Leung, "Organized Medicine in Ming-Qing China: State and Private Medical Institutions in the Lower Yangzi Region", p.145.
【二】Ibid, p.145.
【三】〔法〕傅柯著，劉北成、楊遠嬰譯：《瘋癲與文明》（台北：桂冠圖書公司，一九九二年），頁二二四—二二六。
【四】Frederick F. Cartwright, *A Social History of Medicine*, Longman Inc, 1977, pp. 30-31.
【五】Michel Forcault, *Discipline and Punish: the Birth of the Prision*, Vintage Books, New York, 1977, pp. 145-156.

本前提。關於「委託制」的理念，西醫傳教士巴慕德（Haroll Balme）曾經有一個非常精闢的說明，他認為，現代醫學有兩項革命性的突破：一項是對「準確真實性」（exact truth）的尋求，由於生物化學等學科的出現，人體已可被展示為一個清晰的圖像，觀察這類圖像，醫生可以解釋病人機理的變化，通過顯微鏡的儀器，就可儘量避免錯誤地作出決定，使治療高度接近於真實。第二個革命性事件是「託管制度」（trusteeship）的出現。「託管」的信念是「國際聯盟」（the League of Nations）所表述的國際責任最新思想的直接產物，但它最早起源於對個人的尊重，「託管」的理念已經成為醫生、護士對待病人的基本準則。這種信念的基本表述是，與病人相關聯的每一件事如健康、生命等等會依賴一種宗教的信任委託給醫生，而醫生則會把醫療行動作為對上帝及其追隨者的回答。這一中心思想已貫穿進現代醫療與護理系統之中，包括現代醫院、診所、紅十字會、救濟院與收容所。【一】

其實，巴慕德所講的醫學在「準確真實性」與「託管制度」兩方面的突破在社會史意義上是相互聯繫的，「準確真實性」的尋求有些類似於福柯所講的「檢查」（examination）程序。在這一程序中，每個個體被文件技術所環繞而成為一個個案（a case），每個個案只能被置於非常專門化的條件下加以分析。這是家庭和社區所不具備的，其結果就有可能使病人暫時脫離社區與家庭的控制，在一種極為陌生的「公共空間」中得到專門化的檢視。「委託制度」正是此類控制的形式化說明。形式化的空間區分可以由西醫傳教士胡美（Edward Hicks Hume）博士所舉示的一個例子加以驗證。

二十世紀初葉的湖南地區有一家姓梁的父親病重時，其子特意邀請了當時任湘雅醫院院長的胡美博士和一名姓王的老中醫共同會診，這在湖南地界是破天荒頭一次，梁家公開聲明是想藉此檢驗中西醫的治療結果。王醫生歲數大，被首先邀請進行檢查，他彎腰仔細傾聽每一種病人發出的聲音與不規則的呼吸，以及低聲的呻吟，然後開始問診和把脈，並仔細檢查舌頭和眼睛。輪到胡美時，他按照西方病人昏迷時的檢查程序工作了一遍，如把脈，檢查瞳孔、舌頭和反應能力，然後用聽診器和溫度計進行診斷，再捲起病人袖子量血壓。雙方都檢查完畢後，王醫生根據王叔和的理論分析說，病人可能有嚴重的腎病，如果發展下去會牽連到心臟。胡美基本同意王醫生的結論，只是必須待實驗結果出來後，才能證實自己的結論。從空間意義上看，二者的診斷程序反映出了場所的差別和作用，王醫生可以完全在家庭範圍裡和病人親屬的監控下完成診治的全過程，而胡美則須在家庭之外的另一個空間中檢驗診療結果。【二】這種檢驗是無須在家庭成員的控制下完成的，這個例子生動地說明了中西醫在社區與醫療空間分割方面的差

【一】Haroll Balme, *China and Modern Medicine–A Study in Medicine Missionary Development*, 1921, p.19.

【二】Edward H. Hume, *Doctors East, Doctors West: An American Physician's Life in China*, W. W. Norton & Company, Inc, New York, 1946, pp. 192-196.

異性。

醫療空間與社區範圍的相對隔離既可成為現代醫學程序運作的基礎，又可成為「委託制度」得以在醫院貫徹的必要條件。這是就形式而言觀察到的現象。如果深究「委託制度」的起源，我們發現它與基督教對宗教生活與世俗世界的劃定有關。基督教共同體與世俗生活相衝突的根源，往往在於如何在宗教生活的規範背景下處理社區的倫理關係，韋伯（Max Weber）曾明確地指出：「凡是未能與家庭成員，與父親、母親為敵者，就無法成為耶穌的門徒。」【一】這句話暗示了宗教空間與家庭空間的對峙關係。韋伯接著闡明這種對峙關係的宗教學涵義：「依據先知預言創建出新的社會共同體，特別是形成一種盼望救世主降臨的教團宗教意識時，自然血緣與夫妻共同體關係的價值，至少相對而言便會被降低。在氏族的巫術性束縛與排他性被打破的狀態下，新的共同體內部裡，宗教預言開展出宗教性的同胞倫理。此一倫理，便是徑而取代『鄰人團體』——無論其為村落、氏族、行會共同體或從事航海、狩獵、征戰冒險事業者的共同體——所提示的社會倫理性行動原則。」【二】

韋伯這段話十分清晰地澄清了「委託制度」發生的宗教學源流與基礎。如果轉移到醫療空間的「委託」性質上加以理解，我們看到韋伯的判斷是同樣有效的，因為近代西方醫療空間的產生從根本上而言是脫胎於宗教空間的制約的，這從任何一部西方醫學史中都可以得到證實。在十七世紀以前，西方的醫院完全不是如常人想像的那樣，是病體治療的專門機構，然而卻是病體有可能得到關懷的場所。一些社會史學者認為，基督教對病人強調的是關懷（care）而非治療（cure）；在基督教中，疾病的發生被設定為超自然的原因，治療則被視為一種病人心理由躁動趨於平和的超自然式的安撫方法。病人棲居於教堂，由此被明顯賦予了「委託」的特徵，交付身心以減輕痛苦是一種非世俗社區的行為。與之相應的是，早期的醫院與教區的教堂幾乎是一體的，而且經常相互模仿，教堂既然是社區的中心，自然就要經常承擔社會義務。例如生病難民的安置，神甫儘管沒有什麼醫療訓練，卻要承擔繁重的社區工作。在空間上而言，完全可以說西方醫院與世俗社區隔離的「公共空間」性質，可直接比附移植於教堂在社區中的位置。歷史還記載，英國最早的醫院亦是由 Battle Allsey 的僧侶於一〇七六年建立的。麻風病院隔離於家庭的冷峻設置更是基督教原罪觀懲戒形式的世俗表現，醫院成了聖堂的外延形式。【三】由此可見，現代醫療制度中委託制度的形成，與基督教共同體與世俗社區隔離的歷史現象有頗深的淵源關係。也正是有這種傳統作為支撐，當西方人把自己的親人委託給醫院進行治療護理時，並不覺得有什麼異常怪誕之處，也就是說，「委託」理念是建立在社區

【一】〔德〕馬克斯・韋伯著，康樂、簡惠美譯：〈中間考察——宗教拒世的階段與方向〉，載《宗教與世界：韋伯選集（II）》（台北：遠流出版公司，一九八九年），頁一一〇。

【二】同上，頁一一〇。

【三】Frederick F. Cartwright, *A Social History of Medicine*, pp. 30-31.

對醫療空間源於宗教生活的信任感之基礎上的。

（二）「地方感」對委託制度的排拒

從醫學人類學的角度觀察，現代醫療體系中「委託制度」的產生既然與傳統的基督教生活方式密切相關，那麼也就必然在治療的行為程序上可以找到相似之處，比如日常醫學治療與教堂活動都具有隱秘的特徵。威爾遜（Robert N. Wilson）曾經將醫生和病人的關係與教士和教區居民的關係作比較，闡明了兩種關係都具有隱秘性的觀點：「假定要對付拯救靈魂和醫治疾病的活動，必須簽訂個人之間契約。自我啟示對於探究靈魂或者自己對受保護的環境的需要是如此重要，醫生的診室是中世紀大教堂不受侵犯的聖殿的合適的現代類似物。」[一]也就是說，教堂生活的隱秘性有可能直接影響到了醫療空間相對封閉的結構特徵，與此同時，這種隱秘性在委託制度發展的脈絡裡亦是不可少的自足條件。

然而，如果把治療過程的隱秘性放在非西方的社會語境下考察，其合理性卻並非是自明的。在非西方社會中，診斷與治療通常都有公開的方面。這對西方人來說似乎是非常陌生的，有時簡直變得不可思議，如哈柏（Edward B. Harper）在對印度南部麥索爾（Mysore）邦的薩滿集會作出研究後，曾經指出，只有九個病人參與的集會中，卻有三十五個人參加，地點是在神殿內，薩滿當著會眾的面開出醫治處方。[二]治療活動的公開性在中國社會的表現似乎也並不鮮見。把道、佛教術士請至家中進行招魂降魔的表演已為人們熟知，雖然尚沒有充分的材料證明中國普遍存在著如印度般的大規模薩滿式集會治療，但是以家庭為單位的治療程序仍足以證明有相當公開的透明度，其基本特徵是醫生全部的治療過程需在病人家屬或朋友目光可及的觀察範圍之內連續性地加以完成。上面所舉王醫生與胡美在梁家鬥法，除了在治療技術上的差別外，我們仍可注意到，王醫生的基本診療程序完全可以在家屬的目光監控下不間斷地完成，而胡美的工作則必須在與家庭分割開的實驗室中結束。這不僅關涉中西醫學體系的差異，而且關係到中西醫療空間感的巨大差別。這種空間感的差別就集中表現在治療過程是在一個熟悉和公開環境下展示連續性的技術動作，還是在一個陌生空間裡的隱秘性行為。我們這裡所說的「地方感」很大程度上就是空間位置的差異表現。中國人在地方上的內在經驗通過累積的過程已經完全適應了在公開性的空間中審視醫療操作，從而構成了一種相似的習性（dispositions），而西方治療過程的隱秘性特徵則顯然不在中國人地方感經驗的範圍之內。

揆之於相關的史料，西醫傳教士在中國所遭受的誤解，就均與中國人對西醫治療的隱秘性

【一】Robert N. Wilson, "Patient—Practitioner Relationships", in H. E. Freeman, S. Levine and L. G. Reeder (eds.), *Handbook of Medical Sociology*, Prentice Hall, Euglewnd Cliffs, N.J., p. 289.

【二】Edward B. Harper: *Shamanism in South India, South Western Journal of Anthropology*, 1957, pp. 267-287，轉見〔美〕喬治·福斯特（Georg Forster）等著，陳華、黃新美等譯：《醫學人類學》（台北：桂冠圖書公司，一九九二年），頁一六七。

特徵發生懷疑有關，因為西醫傳教士設立的醫院基本上按照現代醫學的規則而建，其內部管理與社會生活是完全隔離的，因此，醫療過程並不具有公開性，也無法滿足中國人的地方意識對醫治過程的傳統體驗。尤可注意者，早期由西醫傳教士開設的醫院大多與教堂活動聯為一體，是基督教宣教活動的一個組成部分，醫院也往往是教堂的附屬機構。教堂相對刻板而又隱秘的宗教靈修生活與治療肉體的醫學過程幾乎無法分開，在西醫傳教士的頭腦中兩者也恰恰是一致的。可是在外人看來，如此的安排恰恰超越了中國社會的經驗可及之處，十九世紀的史籍中大量記載的教案糾紛，相當一部分材料反映出普通百姓早期根本無法分清教堂與醫院的真實區別，而僅僅一致地把它們視為強行嵌入社區生活的神秘空間。由於「神秘空間」往往出現於地方經驗可判斷的範圍之外，諸多謠言對「神秘空間」的誇大描述往往是因為它與正常的社區生活有相當的距離，比如我們發現大多數謠言敘說的荒誕故事均與清律嚴禁的所謂「採生折割」的殘生行為有關。據《大清律例增修統纂集成》卷二十六《刑律人命》輯註的解釋，「採生折割」被判定為一種「巫術行為」，輯註稱：「有為妖術者或取人耳目或刑人手足，用木刻泥塑為人形，將各件安上，乃行邪法，使之工作。又有採取生人年月生辰，將人迷在山林之中，取其生氣，攝其魂魄，為鬼役使……更有剜人臟腑及孕婦胞胎、室女元紅之類，以供邪術之用，皆是採生折割。」

又云：「採生折割人者謂將人致死，取其官竅，以行妖術或使術法邪道，採取生時年月，將人迷入深山僻處殺死，割取形骸，剜其五臟生氣，攝取魂魄，為鬼役使。今兩廣豫閩等處所市鬼葛，即是又一術也。又或誘拐幼童，炙其五官百骸，配藥以神醫治各竅之妙，又一術也。又或藥迷孕婦於深山，取腹內胎為一切資生藥，又一術也。又或用人祭邪神，又一術也。」【一】

按《大清律例》的定義，「採生折割」顯然歸屬於妖術傷生的重罪之列，需予嚴懲。在清代的日常生活中，似乎也出現過類似的真實事件，如乾隆十四年（一七四九年）江蘇潘鳴皋案稱：「潘鳴皋既刨掘孩屍，給顧景文煉熬合藥，復為拜師求術，得受孩方，即自覓孩屍煉賣。」嘉慶十六年（一八一一年）十一月，張良璧採生斃命一案則稱：「此案張良璧舔吸嬰女精髓前後共十六人，致斃女孩十一人，成廢一人。」【二】

又有廣東香山縣採生案稱：「民劉公岳染患痲風，有方醫曾言人膽製米可以癒疾，劉公岳轉向劉瑞徵提及，嗣劉瑞徵圖騙，向劉公岳捏稱現有膽米，詢其出價若干，劉公岳知其誑己，聲稱如果有效，願出銀一百二十兩，而劉瑞徵即思謀取人膽，遂將阮亞珠剖膽，檢膽無獲，阮亞珠越二日殞命，將劉瑞徵依採生折割律凌遲處死。」【三】

【一】《大清律例增修統纂集成》卷二十六「刑律人命」。

【二】同上。

【三】同上。

有趣的是，翻檢清代教務教案檔卷宗，內中所涉中國民眾對傳教士和醫生的誤解，其謠言內容大多數近似於「採生折割」的敘事手法，例如著名的《江西合省士民公檄》中就稱天主堂「拐騙男女幼孩。取其精髓，造作丸藥，數月以來，致死童男不下數百十人」。並稱「復於該堂後進天井青石板下，起獲嬰孩髮辮髓骨一捆。其骨皆截數段，骨內之髓，概行吸去，並有血糕血酒等物，其一犯禁之具，不一而足」。【二】又如揚州教案中的領頭人葛氏就指認英國內地會醫師戴德生「誑騙嬰兒，挖目破腹，吸食腦髓，幽囚小孩」。【三】同治八年（一八六九年）十一月初一日，湖北巡撫郭柏蔭函述「天門教案」發生經過時，指出民間迷失子女，常常會聯想到教堂神秘空間的作用，以致釀成教案。函稱：「先因該縣民間有迷失子女之事，很留心訪拿，擒獲用藥迷人之黃玉城一名。詰據稱，係隨州人田三才傳給藥方，並告以此方得自外洋，且有符咒傳授大眾，因縣境除教堂之外，別無洋人，約同前往教堂盤問，並稱還要搜查，人眾勢洶，教民紛紛走避。由於閒人愈聚愈多，不知因何失火，致燒教民住屋，延及教堂。」【三】教堂在社區中被視為日常生活所不可經驗的陌生場域，人們無法感知教堂內活動的真實情景，自然首先被疑為進行神秘活動的場所。甚至醫院廚房內發現了一些雞骨頭，都被懷疑是棄兒屍骨，並導致診所的被毀。【四】

認真比較這些大小案例，我們發現反教揭帖和民眾的口頭敘述語式有驚人的相似性，不外乎騙取骨髓、挖眼刨心、奸取女紅之類。這說明普通民眾製造謠言的想像力畢竟是有限的，其基本的構造來源很有可能藉自以往文告與判詞中對巫術之事的指控，基本上屬於被律例化了的影響地方安全的反叛行為。可也正是因為依據了已成判案依據的案例事實，所以攻教時就顯得頗為振振有辭，儘管謠言可能依據的是歷史事實而不是現實真相。況且一般反教文告均由通文墨的士紳起草，他們很可能參照清律大典的案例推導出傳教士「採生折割」的妖妄行為。江西巡撫沈葆楨在諮送總署的「委員密訪（百姓）問答」中，談及南昌育嬰情況，當地百姓就直接使用了「採生折割」這個詞，原話為：「我本地育嬰，都是把人家才養出來的孩子抱來哺乳，他堂內都買的十幾歲男女，你們想，是育嬰耶？是藉此採生折割耶？」【五】對於中國人以育嬰比附於「採生折割」的謠傳，西方人曾為自己進行辯護，如同治元年（一八六二年）法公使致總署照會中說：「見有遺棄嬰孩，不忍聽其死亡於犬之口，必收養堂內，稍長各授以業，及時婚嫁，而後遣之。各堂行此已久，並非創舉。在傳教士，舉泰西各國義助之財，竭心力以佈之中

【一】中央研究院近代史研究所編：《教務教案檔（同治六年（一八六七））第二輯（二）》，頁八六六、五九八—六〇一、一〇一九。

【二】同上。

【三】同上。

【四】Edward H. Hume, *Doctors Courageous*, Harper & Brothers Publishers, New York, 1950, p. 231, 244, 245.

【五】《同治朝籌辦夷務始末》卷十二，頁三三—三四，江西巡撫沈葆楨奏，附密訪問答。

國，方恐為善之不足，何至窮兇極惡，等於採割之流。」【二】

上引數例涉及的雖都是對教堂及育嬰堂作為陌生空間的誤解，中國百姓對西方醫療空間的疑慮卻與其有頗多的相似點，原因已如前所述，教堂與醫院在十九世紀的中國往往結為一體，在肉體與靈魂的救治上起著功能互補的作用。中國百姓對醫療空間的疑懼可以從西醫傳教士的各種信件、回憶錄與報告中反映出來。一個在滿洲從事醫療服務達十年之久的醫學傳教士曾經講了一個有趣的故事。一八八四年夏季的一天，一位法國天主教神甫來醫院拜訪，他身著普通的黑色長袍，乘馬車匆匆而來，在醫生的房間裡聊了一段時間就離開了。在神甫到訪的這段時間，診所裡擠滿了病人，神甫的到來很快傳遍了診所，變成一則新聞。一兩天後，擁擠的人群開始聚在傳教士的門口，情緒顯得喧囂而激動。令人驚異的是，一個荒謬的謠言就在如此短暫的時間散佈開來。人們居然深信不疑地哄傳，天主教士與診所合謀串通，不惜以重金獲取幼童的眼睛和心臟。當這位法國教士到訪時，人們確信他的黑袍下就挾帶著一個小孩，然後同診所醫生退隱到一間黑屋子裡把孩子稱了重量，挖出眼睛和心臟，商定了買賣的價錢。這項交易已進行了相當長的一段時間，不久將有輛馬車載著幼童的眼睛和心臟離開這座城市。上述謠言中所講的三個平常事件都曾發生過，這三件事分別是一個穆斯林小孩神秘地失蹤，法國神甫拜訪了診所和一個洋人曾乘馬車離開了這座城市。這三個絕不相關的事情被民眾出奇的想像力拼合起來，賦予了新的神秘意義，在深層意識中又與採生折割的傳說圖景相銜接，就形塑出了一幅

令人恐怖的教士劫子圖。【二】

另一個故事大約發生在這則謠言流行的同時：一位母親帶著她的年輕女兒來醫院治療，在母親向醫生詳述病症的過程中，女孩由於害怕洋人和陌生的環境，自己溜出了房間。當母親滔滔不絕的訴說平息下來後，環顧四周發現女兒不見了，她一激動便闖入候診室尋找，仍不見女兒的蹤影。在院子內外搜查一遍後，母親開始懷疑醫生偷了她的女兒去作了謠言中所說的試驗品，於是開始暴跳著讓醫生把人交出來。經過一番喧鬧，最後才打聽到女孩跑到了醫院外的一個小客棧中。經派人查找，這個「小逃亡者」果然正在慶幸安全逃脫了洋人的手掌。【三】

由以上的分析可知，「採生折割」作為被律例化了的異端行為，雖然最早出現於官書的判詞與呈文之中，卻在十九世紀中葉以後逐漸通過反教渠道泛化為一種地方性體驗。這種地方性體驗在謠言鼓動下採取的行動呈現出驚人的一致性，也頗可視為地方社會中相似的習性促成相似的實踐結果。與此同時，教案謠言中所透露出的對醫療空間頗為雷同的疑懼性表述，也映現出地方社會對醫院委託制度的不信任態度。

【一】《教務檔．江西教務》，同治元年八月二十二日總署收法國照會，轉引自呂實強：《中國官紳反教的原因（一八六〇—一八七四）》（北京：中央研究院近代史所，一九八六年）。

【二】Dugald Christie, *Ten Years in Manchuria: A Story of Medical Mis- sion Work in Mondoen (1883-1893)*, London, p. 13 -14.

【三】同上。

二、「地方感」・家庭空間・醫療空間

（一）「叫魂」儀式與疾病類型學分析

當西醫傳教士初次進入中國設立醫院時，他們常常面臨在西方人看來是不可思議的怪現象。其中最感困惑的是中國人「靈魂」、「肉體」的分合觀念很難兼容於西方的疾病類型學體系之內，特別是對所謂「叫魂」等巫術儀式的迷戀直接影響到中國人對西方醫療空間的接受程度。胡美博士對此深有體會。當年他初掌湘雅醫院院長時，一個男孩的病情日漸惡化，男孩的父親馬上請求醫生送他回家，這使胡美大為不解，他極力勸說這位父親：「現在可是關鍵時刻，我正想用最現代的治療手段全力挽救他的生命。」父親回答說：「先生，我知道我居住的那條街道的人對此會說些什麼，我對他們的想法了如指掌，而您卻不會明白，如果他死在醫院，你過去所做的工作有可能廢於一旦。」胡美最終未能阻止住男孩歸家的企圖。教胡美中文的劉老師告訴他，讓孩子回家是正確的選擇，相反，如果把他留在醫院將鑄成大錯，孩子死在醫院的消息一旦讓全城人知曉，他們會襲擊並搗毀醫院。更為可怕的是死訊可能擴展至每個街道，一直蔓延出省，在這個保守的省份裡，西醫的進步將遭受嚴重挫折。【1】胡美驚問為什麼會引起如此大的騷動，劉老師解釋說，按中國人的習俗，身體一旦死亡，應置於家中等待靈魂的歸來，死亡時脱離家庭是一項很嚴重的錯誤，因為徘徊在外的靈魂也許再也找不到身體作為自己的歸宿，靈魂可以在一個「等候的閣樓」（pavilion of waiting）中重返身體，意即返回的靈魂有一個容易接近身體的通路。所謂「等候的閣樓」的具體名稱在書中沒有明確披露，但從字面和上下文推斷應是「家庭」的隱喻性說法，這個「等候的閣摟」與醫院空間顯然是對峙的。【二】按劉老師的描述，靈魂回歸肉體是一個儀式化的過程，即普通百姓所說的「叫魂」。按照孔飛力（也作「孔斐力」，Philip A. Kuhn）的意見，「叫魂」是一種職業，內容包括死亡儀式和對孩子疾病的治療。「叫魂」的一般方法是，先呼喚孩子的姓名，然後說：「你在哪玩兒呢，回家吧。」或者說：「你害怕嗎？回家吧。」在屋外人呼喊的同時，屋裡另一個人則把病孩的衣服挑在掃帚柄上，放置於房間周圍或門廊上，觀察附近的葉子或草叢是否發生了移動，或有昆蟲飛掠而過，這些都是靈魂歸來的標誌。【三】

【一】Edward H. Hume, *Doctors East, Doctors West*, pp. 61-63, 209-210. 有趣的是，在東亞其他國家如朝鮮，家人也十分害怕病人會死在醫院，但擔心的原因與中國人有所不同甚至相反，他們不是擔心靈魂無法和肉體會合，而是擔心病人的精神（spirit）將糾纏住自己，他們寧可讓病人死在路上，而不是死在一個陌生的地方。如果病人還能說話或尚清楚自己在何處，他自己也會堅持回家。此外，如有病人死在醫院，會使其他人因害怕死人靈魂纏住自己而拒絕再住下去。參見 Florence J. Murray, *At the Foot of Dragon Hill*, E. P. Dutton Company, Inc., New York, 1975, p. 2.

【二】Edward H. Hume, *Doctors East, Doctors West*, pp. 61-63, 209-210.

【三】Philip A. Kuhn, *Soulstealers: the Chinese Sorcery Scare of 1768*, Havard University Press, 1990, p. 96-98, 99, 114-115.

湘雅醫院的劉老師則向胡美解釋了類似的叫魂程序。他說當小孩已經沒有知覺的時候，母親就試圖喚醒他的意識；如果不成功，母親就會採取出門叫魂的方式，她一再向空中揮舞著孩子的外套，希望召喚回失落於旅途中的靈魂，使之認清自己的衣服。這位母親堅信，孩子的靈魂已經離開了身體，她自己是連接孩子身體與靈魂的媒介。在一次路過長沙城門時，胡美聽到一位母親的喊聲：「我的孩子阿寶，回來吧，你的衣服已準備好了，床也準備好了。」這個女人隨即爬上屋側的梯子開始揮舞一支竹竿，竹竿的一頭綁著小孩的衣服。另一個家庭成員則敲響銅鑼，好像要引起靈魂的注意。【一】

「叫魂」的方式當然不止一種形式，西醫傳教士雒魏林（William Lockhart）曾經詳細描述了上海人的另一種叫魂方法。在一八四六年上海發生地震時，一天晚上大約十一點鐘，人們注意到一個人站在門口，手裡拿著一個燈籠，不時晃動著他的腦袋，用最悲切的語調向漫不經心的行人叫喊。一個聲音在屋子裡用同樣的方式加以回應，原來屋裡正有一個孩子神志昏迷發著高燒，用當地話來說就是：「他的靈魂已經被勾走了，正在外面徘徊。」在此情況下，孩子的父親開始在屋子的一頭掛起一個紙佛的形象，然後燒著它，再點燃燈籠裡的蠟燭，站在門口呼喚魂兮歸來，直到昏迷的孩子平靜下來或有其他變化發生，人們才會認為在外面遊蕩的靈魂看到了光亮，聽到了叫喊，回到了他原來的住所。【二】

透視上述叫魂儀式的過程和結構，大致可概括出如下幾個鮮明的特點：其一，叫魂儀式的發生無一例外是在家庭環境或較為熟悉的社區地點進行；其二，叫魂儀式的運作主體全部由病者的親屬或朋友加以承擔。如果細加區分，肉體與靈魂在一些場合下的分離可分為自願與非自願的兩種。【三】關於前者，人們相信一些巫師有能力派自己的靈魂去訪問死者，引導死者的靈魂返歸肉體，藉助巫師的神力是因為擔憂靈魂發現不了返歸身體的路徑；非自願的丟魂則意味著靈魂被某人或某種超自然的力量偷去了。偷魂者常被稱為「走馬天罡」或「半天秀才」。要想召回靈魂需通過道家或其他巫術儀式方能實現，如道家的所謂「搶精神」，就是使靈魂從被偷竊的不可見狀態中復現並回歸肉體。民間傳說，偷魂鬼常常夜間在路邊等候送上門來的私人夜行者，因為他們是孤獨無助的。【四】

值得注意的是，所謂肉體與靈魂的分離過程最明顯的表現就是丟魂人的不正常狀態，丟魂並不一定意味著死亡，卻一定意味著病人具有不正常的行為。這種行為也一定與普通社區中的正常生活狀態是有區別的。對這種行為的解釋遠遠超出了病因學所能把握的範圍，人們必須通

【一】Edward H. Hume, *Doctors East, Doctors West*, pp. 51-63, 209-210.

【二】William Lockhart, *Medical Missionary in China: A Narrative of Twenty Year's Experience,* Hurst and Blackett Publishers, London, 1861, p. 256.

【三】Steven Harrell, "The Concept of Soul in Chinese Folk Religion", *Journal of Asian Studies,* May 1979, p. 521, 527.

【四】Philip A. Kuhn, *Soulstealers: the Chinese Sorcery Scare of 1768,* p. 99, 96-98, 114-115.

過一種儀式直接體會宗教性的真實，這與通常所說「大傳統」涵義下的控制方法如中西醫診斷等均不合拍，「大傳統」的精英取向基本上是通過概念和分析性的框架來對非正常人的狀態加以推斷，而不是通過類似叫魂的行為示範。

更明確一點說，丟魂並非僅僅是一種可用病因學推導分析的病症，沒有靈魂的身體缺失的不是生命而是人的屬性。這類屬性是由中國語境所接受和規定的，是由恰如其分的文化行為模式所限定的。【二】換言之，丟魂是病人失去社區與家庭中正常位置的一種表現。而叫魂儀式實際上是正常人幫助病人找回其原本在家庭空間乃至社區氛圍中的原初位置的一項基本措施，以防止病人被徹底逐出社區與家族認同之外。更準確而言，「叫魂」作為象徵儀式是把病人從陌生化的空間重新納入家庭空間之中的一種嘗試，此類象徵性行為恰恰是促使病人重新社會化的過程。在這一過程中，醫院作為陌生的空間被加以拒斥就變得十分自然了。

病人的重新社會化既然不是一種陌生化的行為，其操作者自然也不能由陌生人承擔。孔斐力曾發現，在廣東地區的社區環境中，薩滿巫師的人選必須經過社區慎重擇定，此人必須具備村社運行的基本知識，對其中道德人際關係亦要十分熟悉，優秀而可靠的祭祀專家必須是社區成員。【三】孔斐力還注意到，和尚、道士往往得不到地方民眾的真正信任，原因在於他們不是家庭系統中的人，而是「出家人」，儘管清代要求廟宇和尚登記註冊，卻總是無法全面控制出家人的行為走向和流動方式，那些「遊方僧」的無根狀態很容易引起社區民眾的懷疑從而受到排斥。【三】同樣的道理，社區與家庭空間的伸縮消長也大致劃定了民間社會對陌生化事物接受程度的界限，同時決定了基層百姓對類似於醫院這類新型空間的認識程度。

參照醫學人類學的看法，在許多非西方社會中，疾病的特徵具有社會因素，人們通常不認為社會因素是科學病因學的組成部分，也無法用疾病類型學進行刻板的劃分。病人與自然環境和社會環境之間的和諧可能受到破壞，他們的不舒服經常被解釋為反映壓力和社會結構的破裂，【四】因此，醫治的目的遠遠超出「使病人恢復健康」這個有限的目標，在此前提下，叫魂儀式就會構成對整個群體的社會治療作用。儀式的公開性如叫喊，敲鑼的表示是使所有旁觀者放心，導致不舒服的人際間壓力正在和解。喬治·福斯特進一步強調：「在用擬人論術語來解釋不舒服的社會中，人們把不舒服歸因於神、鬼、妖精和巫婆的發怒，醫治者公開表演自己的能力，使公眾放心地認識到，人類並非沒有辦法防衛自己，去對付塵世間和超自然的邪惡力量。」【五】叫魂儀式也起著類似的作用，在整個的公開性步驟中，「家庭空間」無疑具有核心的

【一】Steven Harrell, "The Concept of Soul in Chinese Folk Religion", p. 521, 527.

【二】Philip A. Kuhn, *Soulstealers: the Chinese Sorcery Scare of 1768*, p. 99, 96-98, 114-115.

【三】Ibid.

【四】〔美〕喬治·福斯特等著，陳華、黃新美譯：《醫學人類學》，頁一六八、一八二—一八三、二五一。

【五】同上。

象徵意義。儘管叫魂等療治疾病的方法在中國民間具有不證自明的合理性，可是西醫傳教士對這套認知系統卻是如此的陌生，以至於超出了其經驗判斷的範圍。這些西醫傳教士大多數接受的是西方醫學體系的正規訓練，對疾病採取的是較為純粹的病因類型學的分析方法，這套框架被確信是建立在科學合理化與治療護理的正當性基礎上的。「家庭空間」在他們的頭腦中從未具有自明的正當護理意義，相反，他們根據病因學作出的判斷卻總是把家庭空間視為疾病的淵藪，從而歸入了被排斥之列。例如，西醫傳教士對於「瘋癲」狀態的界定，就常常把家庭空間對病人的控制視為導致病痛的一大原因，在西醫傳教士的視界裡，造成瘋癲的原因頗為複雜，但或多或少與家庭的內耗有著密切的聯繫。例如中國的一夫多妻制現象經常使婦女在空間壓抑下導致家庭糾紛。傳教士告訴我們，一位婦女如果是男人十個妻子中的一個，人們可以想像，嫉妒和病態的感覺肯定會常存腦中。【二】

「家庭」也是抑制正當信仰、妨害心理健康的罪魁，下面就是一則醫院如何從家庭中拯救中國弱女子的故事：一個健康如花的十六歲少女，進了教會學校並成為基督徒，當家庭迫使她放棄信仰時被嚴正拒絕了，家庭於是把少女驅趕出學校乃至盡毀其書，斷絕她與基督教朋友的來往，這些做法在女孩堅定的信仰面前歸於失敗，但少女付出的代價卻是慘重的：她精神失常了。在如此狀態下，家人仍堅決反對少女進入基督教醫院進行診治，經傳教士出面干預，家庭成員最終認識到自己對孩子的要求過於嚴苛殘酷。故事的結局自然是圓滿的，在醫院的護理環境裡，少女得到了很好的恢復治療，重現了青春與美麗。其家人也居然大受感動而皈依了基督。【二】這則故事的架構實際早已預設了「家庭空間」與「醫療空間」的對立關係，家庭空間的昏暗污濁和強霸專制與醫院空間的潔淨光明恰成鮮明的對比。其潛在的話語是，要想擺脫病態的生活，獲得身心的解放，就必須衝破家庭的束縛，進入新型的醫療空間，家庭空間的自明合理性在醫療權力的示範作用下被象徵性地瓦解了。

尤為重要的是，在家庭空間中司空見慣的日常生活問題，進入醫療空間後卻會被進行病因學的處理，納入醫療體系的監控程序。一個突出表現是對「手淫禁忌」的態度。按西方的理論標準衡量，中國的家庭空間缺乏對隱私權的保護，這是構成精神病態的溫床。比如手淫在當時中國很普遍，中國人的習慣卻傾向於阻止婦女進行手淫，每個婦女都希望結婚然後做母親，但是如果丈夫發現她手淫，妻子將被羞恥地送還父母，她在眾人面前將成為不潔婦女的形象，一點也得不到寬恕，所以很少有婦女敢冒在家人和世人面前丟臉的危險繼續手淫。與家庭控制相對應的是，醫院對手淫禁忌採取了寬容的態度。有的西醫傳教士發現，醫院中的婦女雖也有沉溺手淫者，卻大可不必如在家庭中那樣承擔沉重的道德壓力，而是被納入了

【一】Charles SeMen, "A Wort for the Insane in China", *The Chinese Recorder*, May 1909, p. 264.

【二】Ibid, p. 264.

醫療處理的合理程序。【一】

西方醫生對中國瘋癲現象所作的一系列分析，是以排斥家庭空間和運用病因學作為基礎的。疾病類型學的出發點由於強調疾病的器質性病變的特徵，似乎多少忽視了傳統中國治癒疾病的社會學的一面，從而有可能絕對地把醫療空間與家庭空間對立起來。這套醫療話語經過進化觀的論證，有可能為上層知識分子所接受，這已為民國時期醫療觀念的全面轉變所證實。但是從基層社會的情況來看，普通百姓對醫療空間的認知卻未必深受這種醫療進化觀的強制影響，至少在醫院進入中國的初期是如此。他們有自己獨特的地方感受作為認知起點，這種感受儘管不易用理性語言加以概括，其基本的意念還是頗為清晰可見的，那就是疾病的治療過程必須滿足社區行為和儀式公開性的要求，最重要的是要使治療過程變為社區普通生活的一個組成部分，克服和消除因疾病類型學設計所人為構成的家庭與醫院之間的界限。循此而觀，西醫傳教士的疾病類型學雖然大力排斥中國家庭對治癒疾病的價值，然而有些傳教士的看法並非局囿於狹隘純粹的醫學病理分析，而是把透視範圍擴大到了社會領域。這又使得家庭與醫院在理念上的對立，有可能通過西醫傳教士與中國民眾在社會層面上達致的部分共識而化解，這一點我們在下面會作些具體分析。

（二）「道德異鄉人」如何接受醫療空間的控制

如上節所示，西醫東傳在中國社會中面臨的最突出問題是，中國人如何接受西方理性架構形式下的醫學倫理？西方近現代醫學的發展表明，在社會中日益彌漫著一種「泛醫學化」的趨向，此類趨向經常把社會中不屬於肉體疾病範圍的內容也納入到醫學的視野之下進行觀察，或予以純粹的疾病類型學分析。這種方法如果被置於東方社會語境下，或面臨種種詭異奇特的地方性治療系統時，則顯然會變得無所適從。那麼，中國人在西方醫療日益滲透入傳統社會的大變局下，會採取何種應對的策略以適應其異質的特徵呢？在進行詳細論證之前，我們不妨把結論先敘述如下：中國人經驗主義與實證主義相混合的思考模式，【二】可以相當自覺地把「宗教理念層面」（包括祭拜偶像、社會禁忌等等）與「社會技術層面」（包括一些傳統倫理規範）有意識地加以形式化的區別。比如近代中國人很難在終極意義上接受基督教的儀式和信仰，這使得醫學傳教士的工作常常變得舉步維艱，然而中國人在形式上接受陌生的醫療空間的速度卻要快得多，這是因為「宗教理性層面」和「道德程序與倫理」上的不可通約性

【一】C. C. Selden, "Conditions in South China in Relation to Insanity", *American Journal of Insanity*, vol. LXX, No.2, October 1913, p. 418.

【二】林宗義著，趙順文譯：《精神醫學之路：橫跨東西文化》（台北：稻鄉出版社，一九九〇年），頁二三。

（incommensurability），可能在公開的醫療活動的試錯過程中得到消解。具體地說，中國人可能把中國本土宗教與社會的傳統理念區分開來。結果也許是一個腫瘤被摘除了，或者是眼睛由盲瞎而復明。需要說明的是，對道德結果的認同並非是由疾病類型學直接推導而出的。

我們不妨再換個角度，站在西方人的立場上檢視醫院植根於中國的有效程度。西方醫生要想真正在中國立足，就必須多少調整自己與中國社會的溝通策略，最重要的是要修正自身純粹從病因學觀察問題的方法，甚至要向中國的道德倫理觀念進行有節制的妥協。恩格爾哈特（H. Tristram Engelhardt, Jr.）曾經為這種妥協提供了一種生命倫理學的解釋，他由此區分出「宗教的倫理學」與「俗世的倫理學」兩種概念。「宗教的倫理學」中的「宗教」是在廣義上使用的，它並不僅指持有神論的倫理學體系，而是指任何一種對於對與錯、善與惡和好與壞提供實質性的系統性道德學說。它是充滿內容的（content-full），在一個共同體持有同一種具體的倫理學的人是道德的朋友，可以共享相同的基本道德前提，而那些持有不同的道德前提的人則是「道德異鄉人」。【二】因此應用「俗世的倫理學」處之。它能夠超越由不同的傳統、意識形態、俗世的理解和宗教所形成的具體的道德共同體來得到辯護。【三】

哈特進一步定義說，俗世的生命倫理學提供可以進行相互辯護的道德結構並在這種結構內實施保健，因為醫生、護士和患者一般來說具有無法融合的多種多樣的道德觀。如果一個人不想被窮根究底地強加一種具有宗教的或形而上學基礎的道德觀（例如，一種充滿內容的生命倫理學觀點），包括一種具體的俗世傳統或意識形態，那麼在所有的人都平和地轉向正確的道德觀之前，他應該滿足於一種缺乏那種充滿內容的精神場所的一般道德框架。【三】就我的理解而言，對所謂「缺乏充滿內容」的道德框架的最形象表現，就是醫療過程展示出的一種實際效果對身心的影響。這其中自然包括增加醫療過程的透明度，使之易於了解；對地方性醫學倫理的妥協以及醫療工作與社區工作的融合等等。其具體表現集中反映在如下的幾個過程中：

1. 醫療過程的公開化

上文曾經提到，西方的醫療系統之所以遭到中國百姓的疑懼，一個主要原因在於西方醫院治療的隱秘性與中國醫療過程的公開性具有很大的不同。西方醫生要想得到中國人的充分信任，就必須被迫使西醫技術認同於這種公開性的特徵，以克服中國病人的陌生感與距離感。西醫傳教士也確實在醫療的公開性方面屢有動作，英國長老會報告中曾經提及一位名叫Howie的醫生，他於一八八九年開始進入中國工作。這位醫生的第一例手術就是在一棵大樹下公開舉行的，目的是讓旁觀者看到手術沒有什麼害人的圈套和秘密。在切除一位婦女的一顆病眼時，

【一】（美）恩格爾哈特著，范瑞平譯：《生命倫理學的基礎》（長沙：湖南科學技術出版社，一九九六年），頁二七—二八、七二。

【二】同上。

【三】同上。

他不得不小心翼翼地把病眼裝在一個酒精瓶中歸還給病者，否則自己的行為一不留神就會印證流傳甚廣的用病人眼睛做藥引的神話。Howie 工作的地區，教會曾付出許多努力卻很難平息當地人對外國人的反感，然而當 Howie 為倒在自己門口瀕臨死亡的一名乞丐作了一例公開的截肢手術後，他終於贏得了當地人的尊重，人們既驚訝於手術的成功，又吃驚地看到一名洋醫生對乞丐的關懷態度【一】。在一九○四年的一份報告中曾記錄過一家新診所進行第一例全身麻醉手術的情況。手術過程是在上百個鄰居和過路人重重疊疊的環視下完成的，這例手術是剔除腿部壞死的肌肉，手術的最終成功使環視的人們感到欣慰，也使醫生們鬆了一口氣。他們在報告裡說，如果出了事故，「這則故事也許會講得更長」。【二】

在江西一帶的山區，西醫傳教士所作的一例公開手術演示甚至也遭到了懷疑。在手術過程中，圍觀的病人家屬非常懼怕看到鮮血湧出，紛紛躲避回家靜等結果，只剩下兩三位醫生留下來繼續照顧病人。手術後，Bousfield 醫生拿著髒衣服到溪流中沖洗，病床也按病人的要求被置放於屋外予以展示，這些行動都是為預防村民們傳言，鬼（devil）要來騷擾他們，因為村民看見血跡出現在病人的繃帶上，認定鬼會尋跡而來。結果鬼終於沒有出現，住院病人的病情也漸漸好轉了。村民對治療過程留下了深刻印象，消息很快傳遍了村莊。【三】

醫療的公開化儘管在相當程度上消除了中國人對醫院的陌生感，但是醫院在植根於中國的過程中仍遇到了不少曲折，下面的故事即是一例。福州的一所醫院收留了三個患髖關節病的男孩子，其中一個來自遙遠的農村，是由奶奶背著走了很長的路才趕到醫院的。最初孩子對醫院的陌生環境很不適應，當他被固定在一張特製的床上進行治療時，由於害怕而大哭大鬧。經過一段時間，孩子終於習慣了這種治療方法，但他的奶奶並不高興，她不明白為什麼需要花這麼長的時間才能顯示治療效果，要求醫生每天使用更有效的藥物促使男孩儘快恢復。幾個星期以後，奶奶因想家，再也不願意呆下去，她整夜哭喊，第二天早晨對醫生說孩子死去的父親將要下葬，男孩必須在旁穿孝服守護，否則即是不孝，最終還是堅持把男孩背回家了。醫生明知道她在說謊，卻又無可奈何，滿是感到非常失望，因為孩子尚未完全恢復。【四】

一個發生在貴州安順府的個案則形象地說明了中國人接受醫療空間的艱難過程。西醫傳教士在描述第一位住院病人時，了解到在此之前已有六個本地醫生使出渾身解數試圖治癒女孩的重病，均以失敗告終，病人的父母只好把孩子送到這方圓兩周路程之內唯一可找到的外國醫生手中。醫生描述說，女孩待的房子只有唯一一個緊閉的窗戶，陽光與空氣根本無法進入，病

【一】M. S. Bates Papers: *RG10, China Drafts* , Yale Divinity Library, New Haven.

【二】*The Thirty-third Annual Report Ponasang Missionary Hospital for the Year Ending December 31st 1904*, Reel 242, Yale Divinity Library.

【三】Lillie Snowden Bousfield, *Sun-Wu Stories*, Kelly and Walsh, Limited, Shanghai, 1932.

【四】"Report of Woman's Hospital, Foochow City", *Papers of the American Board of Commissionors for Foreign Missions*, unit 3, Reel 1242, Yale Divinity Library.

人彷彿被裹在帳篷裡或被封於玻璃瓶中。經過檢查，女孩幾乎已無復原的希望，她的父母對女兒是否能痊癒也深表疑慮。在房間的通風問題上醫生和病人的父親意見無法達成一致，幾經磋商，父母抱著無可奈何的態度同意女孩轉往傳教士醫院。按醫生自己的形容，從女孩入院那一刻起，自己的心情就變得極度緊張，每天的時間幾乎都要在祈禱中度過，「幾乎無法用筆觸表達我們的感覺」，醫生感嘆地說道。作為第一例住院病人，女孩入院的消息此時已傳遍安順府周圍的地區，街上的人們都在不斷把此事當成茶餘飯後的談資加以議論。醫生寫道：「中國醫療技術在經過公平較量之後被棄至一旁，人們開始想，那麼外國人又能怎樣呢？我們聽到各種議論，如果外國醫生能夠救活女孩，他將在本地區贏得巨大聲望。可是我們感到信心是如此的虛弱，心情又是那樣的悲觀，因為在一週之後，我們的病人仍是那樣衰弱，持續昏迷不醒，肺的感染仍在擴大，我們差不多要放棄最後的希望了。」這位醫生向護士建議，如果女孩沒有顯露任何恢復的跡象，她最好被送回家去等死，以免引起猜忌。女孩聽說後堅持要留下來，以後幾天，儘管她的恢復是緩慢的，並有其他併發症出現，但還是慢慢復原了，信任危機終於就這樣平穩地渡過了。

在女孩住院期間，有位福音傳道人拿給醫生一張從街道上顯眼的地方摘下的揭帖。這張揭貼是一些仇視外國人的人張貼的，內中宣稱，住院的女孩是被一個張帖人所求拜的偶像應答治癒的，是偶像指點迷津的結果。這張揭帖不僅說女孩的恢復與西醫的努力沒有關係，而且認為病人的痊癒在任何情況下都是一個自然事件，企圖由此證明西方醫藥和治療沒有任何效果。【一】從內容而觀，這則反西醫揭帖的出現與以往的反教揭帖有所不同，它已不是從正面通過謠言直接攻擊西醫傳教士的工作，而是在公開治療成功之後與西醫爭奪終極治癒權。這說明，醫療過程的公開化已經基本摒除了中國百姓頭腦中原有的恐怖神秘的圖像，西醫多少可以站在與宗教偶像崇拜和傳統治療的同一水平線上參與合法性的爭奪。

2. 醫院空間陌生感的消除

我們已經反覆論證過，西方醫療制度由於建立在基督教委託制度的信念基礎之上，其構造具有隱秘而非公開性的特點，故而與非西方治療過程的儀式化規制是迥然不同的。這是因為傳統中國人往往把不舒服或嚴重的不適看作不僅是病人身體內的機能障礙，而且也是病人與社會之間關係出現了不和諧，所以他們認為疾病不可能通過臨床治療完全加以解決，一般的疾病類型學分析也無力推導出病因。與此相反，家庭氛圍內親屬與朋友的在場即使無法真正在疾病的機能診斷上發揮作用，也可通過儀式性和象徵性的「在場」，協調病人與社會的關係。【二】

西方醫院制度是作為陌生的空間強行嵌入中國社會的，在此我們不打算深究這種滲透過程

【一】E. S. Fish, "Anshunfu, Kweichow: Our First In-Patient", *China's Millions*, February, 1916, pp. 25-27.

【二】〔美〕喬治・福斯特等著，陳華、黃新美譯：《醫學人類學》，頁一六八、一八二—一八三、二五一。

的政治與社會原因。本文所試圖揭示的是，陌生的醫療空間如果要真正得到中國人的認可，就必須考慮在純粹臨床治療的理性監控之外，設法保留或者模仿出病人原有的家庭環境及人際關係，從而最大限度地消除病人的疏離感。

其實，有些人類學家如弗里德爾（Ernestine Friedel）早已注意到一些農村地區醫院中模擬家庭狀況的情形。她觀察一所典型的希臘農村醫院，在一間有四個床位的狹小病房中，病人自己攜帶床鋪和衣服，並一直由家庭成員陪伴著，由他們來餵食。在希臘傳統中，住院治療象徵著病人被家庭所拋棄，與大多數美國人不同，希臘人認為，人類的伴侶關係對於危重病人和健康人是同樣重要的。用當代醫學的觀點看，這種不正規的、髒亂的和擁擠的醫院，可能受到批評，但是，這種醫院對希臘文化來說，很可能有較高的治療作用。【一】

類似於希臘農村醫院的情況在中國十九世紀末二十世紀初的西式醫院裡可謂屢見不鮮。胡美曾經指出在伯駕（Peter Parker）醫生初入中國時，中國人根本不知道「護士」這個詞意味著什麼概念，無論何時只要一提到護士，人們都會驚奇地問：「你說什麼，讓我們的女兒去為男人服務，誰聽說過有把一個外人引到家裡來照顧病人這種規矩？」他們堅持說，母親、姐妹或親戚是最合適的護理人，外人不可能知道家庭內部的生活方式。【二】在一八八四年，伊麗莎白·麥肯尼（Elizabeth Mckehnie）作為第一個新教護士來到中國以前，即使是基督教醫生也沒有採取嚴格的護理病人的措施，病人在醫院中睡眠時常要帶自己的衣服床褥，並且由自己的朋友和家人護理和餵飯。【三】福州醫院的一份報告中說，一個官員的小兒子被帶來作手術，他們專門租用了一間房，由母親陪同住了幾個月，直到完全康復。【四】我們在朝鮮農村的醫院中會發現同樣的情況。文獻中說：「在醫院裡，每個病人都有一個或多個親戚陪同，有時病人單獨在床上，有時陪同者乾脆也一起睡在床上，以致很難分清誰是病人。家庭用自己的方式照顧病人，因為他們不信任護士，如果醫生或醫院機構反對這樣，他們就把病人帶回家。」【五】

醫院在開始時只是無可奈何地被動接受中國人護理病人的特殊方式，到後來則是有意識在醫院中創造出病人療養的家庭式環境，如有一篇文章在題為「病人應儘可能在醫院中被安置得舒適」這一節中，作者寫道：「我們經常看到婦女入院時忘了帶洗臉盆、梳子、洗臉毛巾、枕頭、衣物等等，這並非是因為她們窮，而是剛到醫院顯得陌生而激動，以至於把這些事置諸腦後。如果為她們準備好這些必需品，我想病人將很快感到醫院與家庭是一樣的，也許思想上會

【一】〔美〕喬治．福斯特等著，陳華，黃新美譯：《醫學人類學》，頁一六八、一八二—一八三、二五一。

【二】Edward H. Hume, *Doctors East, Doctors West,* pp. 61-63, 209-210.

【三】Jenshow, "Sze, The Doctor's Helper", *the West China Missionary News,* March 1918, p. 32.

【四】"Report of Woman's Hospital, Foochow City, 1901", *Papers of the American Board of Commissioners for Foreign Missions* , Unit 3, Reel 1242, Yale Divinity Library.

【五】Florence J. Murray, *At the Foot of Dragon Hill*, E. P. Dutton Company, Inc., New York, 1975, pp. 136-137.

因舒適而有所觸動。」【一】有證據表明，伯駕醫生在廣州時最初曾試圖把治療限制在眼病範圍之內，理由是大多數眼病病人都是非住院者，眼病治療是一個最少感染危險的領域，比截肢與腫瘤手術恢復要快得多。伯駕還有一點考慮是，他希望病人在手術前有一個很好的健康狀態，經常要經過一兩個星期的護理以增強其對傳染的抵抗力，一旦承擔起外科手術，伯駕就不得不在大多數的護理工作方面允許家庭介入醫院而不是招聘付費的護士，只要有空床位，就必須允許家庭成員入院陪床。【二】

事實證明，家庭與親屬關係的引入，使得醫院縮短了與傳統社區之間的距離，也使得病人的家庭成員有機會了解西醫治療的全過程和異於中醫的方法，打破空間上的神秘感。住院人數也由此而不斷增加。伯駕曾認為接受婦女住院病人最為困難，因為婦女進入租界是非法的，她們留院也必須由親屬陪同，結果九百二十五個病人中仍有二百七十個女病人同意住院，讓他感到很驚訝。【三】

需要提醒的是，中國人在形式上接受醫療空間，並非是接受西方病因學分析的自然結果，而是家庭護理習慣的自然延伸，所以總會在護理過程中帶進原有的傳統思維和行為方式。例如在一個以 St. Elisabeth 命名的醫院裡，由地方傳統支配的信仰與風習仍起著相當有力的支配作用。由中國人擔任的護士總說在晚上能聽到惡神（evil spirit）在周圍徘徊發出的聲音，探訪醫院的人經常被發現在病人床下燒紙錢或放置食物以取悅餓鬼。有的陪床者則好唸咒語驅魔逐妖。

如一位女病人的丈夫說他燒紙錢是為了平息惡鬼的憤怒，使之不再跟蹤其妻子進入醫院。【四】St. Elisabeth 醫院發生的最令人吃驚的事情是婦女病房買賣嬰兒的現象。每年婦產醫院均有七百多個嬰兒出生，其中無疑有不少漂亮的孩子。最嚴重的問題出在孩子的性別上，如果一個女孩降生，母親往往會棄之而去獨自回家，除非家裡已有了幾個男孩。婦產醫院經常成為嬰兒交易與買賣的場所。如果一個男孩長得非常漂亮，他一般會值十五至二十元（dollar）；如果一個婦女已有一些孩子，她經常會樂意卸下新生兒這份額外負擔，把男孩賣給一位生下的嬰兒沒有成活的母親，她自然不會泄露自己把親生兒子處理給了別人這一秘密，死嬰的母親也不會告訴家人她帶回家的不是自己的骨肉，這樣雙方都會感到滿意。【五】儘管發生了如此多的弊病，西方醫院對家庭與社區人際倫理關係的有限認同與移植，畢竟縮小了西方醫學與中國百姓之間的距離，

【一】J. Preston Maxwell, "How Best to Obtain and Coserve Results in the Evangelistic Work Amongst Hospital Patients", *the China Medical Journal,* vol. XXVI, November 1912, p. 341.

【二】Edward V. Gulick, *Peter Parker and the Opening of China*, Harvard University Press, 1973, pp. 163, 57.

【三】同上。

【四】Maurice E. Votaw, "Our Hospital for Women and Children in Shanghai Crowded to the Doors", *the Spirit of Missions*, Feburary 1926, p. 117.

【五】同上。

至少在雙方之間形成了一個「談判的場域」。

3. 社區生活與醫療空間的趨同

醫療空間的引進與中國傳統家庭與社區的契合在十九世紀尚處於相對被動的狀態。由於醫生及護士的缺乏，護理條件和醫療設備的落後，再加上傳教活動的艱辛，使得一般的地區性診所或醫院只能為了爭取基層百姓的信任相應採取（更多地是容忍）一些與傳統習俗相關的行為，以極力消除社區與病人家庭和醫院空間的隔閡狀態，暫時還談不上與社區家庭進行主動的溝通。進入二十世紀以後，情況逐步發生了變化，不少西醫傳教士認為，通過疾病類型學的方法推導而出的病因並不足以揭示疾病過程發生的全貌，特別是容易忽略疾病產生的社會因素。一所醫院猶如一架龐大的機器，各個部門由不同的構件組成，在這個構架裡，經過特殊訓練的人可以診斷病痛機理的發生，但是有一些病態因素和身體無序只能通過病人的頭腦以及他們身處的社區生活才能了解。一個呈個體狀態的醫生有機會自由接近病人的家庭，知曉他是富有還是貧窮，可以經常洞悉病人生活中的秘密。反之，處於醫院中的醫生在進入病房時卻只看到整齊劃一穿著病服的病人，他無法獲知病人入院前的種種與病情相關的情況。

因此，有的醫生已經指出，必須主動收集病人的信息進行綜合判斷，儘可能使之與社區資源的運用聯繫起來，醫院並非治病的終點，醫療系統有責任協助病人完好地返歸社區。這就是二十世紀初開始流行於中國西醫界的所謂「社會服務」（the Social Service）的完整概念。【一】

嘗試把醫療活動擴大至社區範圍，從而摒棄單調的病因學分析的努力，體現於以「社會服務」概念為核心的全方位診療實踐之中。這方面的一個病例是，一位李姓的女病人經常出現胃痛的病徵，在進行了日常診斷後，醫生發覺她應被歸入神經失常之列，並懷疑其病因的形成另有背景，醫院於是派遣「社會服務」人員設法去探查干擾這位病人正常生活的社會因素。「社會服務」人員首先在病房裡與她進行了長談，然後再約見她的丈夫了解相關的情況，結果發現丈夫家裡的其他妻妾是導致病人發病的重要原因。這一故事的梗概是這樣的，李姓女子在被丈夫娶進門之前是個寡婦，而丈夫在娶她之前隱瞞了自己的已婚身份，李姓女子在過門後似乎並不反對丈夫佔有眾多的女子，只是暗懷野心要在眾妻妾中脫穎而出，爭得丈夫的最大寵幸。可是在結婚兩年後的一天，一個女人突然出現在她的生活中，新來的陌生女子聲稱她是李姓女子丈夫的第一任妻子，他們在農村年紀很小時就已經結婚。這個女人比李姓病人更顯年輕卻未受過什麼教育，根據農村的習慣，她似乎理所當然地命令病人叫她大姐，服從她的指使。李姓病人當然拒絕了這一要求，仍堅持自己的大姐身份，處處搶佔上風，持續不休的爭吵終於使李姓病人的神經瀕於崩潰。這一信息立刻反饋到醫院，社會工作者馬上設法安排病人找到一份合適

【一】Ida Pruitt, "Hospital Social Service in Diagnosis and Treatment", *The China Medical Journals,* vol XLIII, June 1928, pp. 432-443.

的工作，以暫時脱離家庭環境，同時説服其他女人把注意力集中於家務，丈夫則被規勸以更嚴格的手段管理家庭。【一】

下面舉出的病例涉及的則是所謂病人的「社會適應」問題。一個十七歲的男孩被送進了醫院，入院時他精神恍惚，呼吸十分困難，經過精神科的檢查，發現病人呈示出癔病的症狀。男孩一口咬定他的叔叔揍他。醫院認為，發現男孩出現癔病的原因有利於其未來的治療，於是「社會服務」人員開始拜訪病孩的叔叔，探望他的親戚和一位來自病人家鄉熟知其家庭情況的商人。調查的資料顯示，男孩的叔叔並沒有虐待這個孩子，他只是對男孩感到不耐煩而已。各方面的情況表明，這個男孩是個弱智兒。在四個月前，他一直生活在農村簡樸單調的環境下，幫助另外一個叔叔在田裡幹活，有時則隨季節變化打些石匠的零工，他們相處得很好。但是當他的另一個叔叔把他帶到北京學習經商時，男孩卻不能調整好自己的位置，無法適應新的環境。城裡的這位叔叔感到進退兩難，有時發脾氣責備他太笨什麼也學不會。「社會服務」人員建議城裡的叔叔把病人送回鄉下的叔叔那裡去，以恢復其原有的環境，男孩的病情最終有所好轉。這則例子表明，中國的社區環境已在某種程度上成了醫療空間的延伸，「社會服務」理念也拉近了社區與醫療空間的距離。

另一方面，「社會服務」的重心仍會放在醫療程序的運作上，在已經獲得了個人、家庭與社區的信息後，「社會服務」的下一步計劃就是和擁有醫療信息的醫生合作進行病人的治療，使之與家庭空間的合理因素相互配置發生作用。如他們曾發現在有眾多孩子的家庭中，母親因忙於家務，很少能全面顧及孩子的營養及均衡調節食品的攝入量，從而導致飢餓的產生，「社會服務」人員有時就會為母親和嬰兒準備食品。「社會服務」人員所作的另一項工作是增加醫生操作過程的透明度，他們有責任確切地監控和認定醫院的全部力量都已投入病人全面的診治與恢復工作中去了，必須做到讓病人清晰明白地了解醫生治療的計劃，並保證這些計劃得到貫徹。

「社會服務」的最後也是最為重要的步驟，是使病人有能力返回社會成為其中正常的一分子。這有點類似於現在的社會保障工作。如「社會服務」人員有時要安排病人出院後的工作，為暫時付不起錢的病人安排床位，或者收留被棄的女嬰，尋找合適的照顧人家等等。「社會服務」人員曾經與慈善救濟機構聯手合作，安排病人的未來生活，如收留一位曾跟隨父親學習補鞋的乞丐，使他終能重操舊業；又如曾把一位傾家蕩產尋求醫治而不歸的盲人送至救濟機構工作。【二】總之，「社會服務」概念和行為系統的引進擴展了醫院空間的伸縮範圍，也使得醫療空間與社區之間的陌生界限逐步被打破，同時也拓寬了普通中國人認知醫院功能的渠道。

【一】Ida Pruitt, "Hospital Social Service in Diagnosis and Treatment", pp. 432-443.

【二】同上。

三、瘋癲與禁忌：在國家與社會之間

（一）「虛擬家庭空間」與「實質家庭空間」：對瘋癲禁錮策略的比較考察

許多史實證明，西方醫療空間移植進中國社會，使得中國人的治療觀念確實發生了明顯的變化，這只是問題的一個方面；與此同時，醫療空間的切入在某種程度上必須相應地與中國人可以接受的地方空間習慣相適應，亦是其能否在中國社會立足的一大關鍵。對瘋癲觀念的認知及其空間禁閉的處理在中西社會中的表現，就更能昭示出這種相互協調的過程。

在中國古代，癲狂的概念早已被視為病態行為。據《黃帝內經．憲樞》卷五之《癲狂》所述，癲狂的表現是失眠、食欲不振、誇大妄想、自尊心強且常吵鬧不休，甚至「棄衣而走，登高而歌，或至不食數日，逾垣上屋」。[一]至於中國人對於瘋癲的態度，據Vivien W. Ng的研究，基本上趨向於「有機體論」的觀點，中國醫生普遍把瘋癲的許多形式理解為機體性失調，他們用於解釋「癲」和「狂」的語言與解釋其他疾病沒有什麼區別。對於古典的中國醫學來說，區別肉體與精神，把它們看作相異的東西是不可思議的，類似行為失調的癲狂病症被認為只是生理機能失調的一種表現。在醫療的記錄中，沒有證據涉及把瘋癲原因歸結為道德墮落的倫理性行為，這與十八世紀晚期的英國乃至西方把瘋癲與道德聯繫起來加以考慮的取向是迥然有別的。[二]

從地方傳統的角度而言，普通百姓和司法部門的觀念趨於一致，都是比較忽視癲狂的個人因素，而只是著眼於社會和法律方面的問題，特別關注的是癲狂的非理性態度較易轉化為破壞性的行為，凝聚成對社會正常秩序的侵擾。因此，對癲狂的判斷與處置往往都是出於司法而非醫學的態度。癲狂的醫學與司法術語甚至可以相互置換。【三】據學者考證，古代中國社會對待瘋子實施法律原則的確實證據最早見於《後漢書．陳忠傳》。【四】在公元一〇〇年左右，陳忠向皇帝建議「狂易殺人，得減重論」，他的建議得到批准，成為第一個專用於瘋人的法律，尤其是對犯有殺人重罪的瘋子。以後歷代律例雖屢有變化，如《唐律》甚至把瘋癲與麻風、失明及喪失雙足等殘疾並列為「篤疾」，【五】但對瘋癲的法律化處理仍佔上風，只是在拘禁與處罰的寬嚴程度方面有所變化。清代則經歷了早期「治罪甚寬，嚴於監禁」，到後期「治罪從嚴，疏於

【一】《黃帝內經．素問》卷三。

【二】Vivien W. Ng, *Madness in late Imperial China: From illness to Deviance*, University of Oklahoma Press, 1990, pp. 25-62.

【三】Martha Li Chiu：〈中國帝制時代的瘋狂行為：法律個案的研究〉，載林宗義著，柯永河、蕭順義譯，Arthur Kleinman 編：《文化與行為：古今華人的正常與不正常行為》（香港：香港中文大學出版社，一九九〇年），頁六二—六六、八二。

【四】同上。

【五】同上。

監禁」的不小變化。值得我們留意的是，處置瘋人的空間儘管屢有伸縮，卻始終搖擺於「法律空間」和「家庭空間」之間，只是無論搖擺到哪一類空間之中，瘋癲禁閉的最終目的都是從社會安全與穩定的角度出發而實施的，與醫學意義上的疾病治療無關。這一論斷可以從《大清律例》對「瘋癲」的禁閉條款的變化中得到證實。一六八九年，清政府頒佈法律，清楚地界定了瘋人親屬、地方系統和官方的責任，清律中首先規定如家庭中出現瘋人必須立即向地方申報，同時需立即承擔起禁閉的責任。條例中規定：「瘋病之人如家有嚴密房屋可以鎖錮的，當親屬可以管束及婦女患瘋者，俱報官交與親屬看守。」【一】地方官甚至被勒令「親發鎖銬」配合家庭的禁閉行動，如果親屬鎖禁不嚴，致有殺人者，則會將親屬嚴加治罪。除家庭外，對瘋人禁閉的責任進一步擴大至社區宗族，如果痊癒不發，報官驗明取具，族長地鄰辦過具結手續，瘋人就會獲得釋放。如果不經報官及私啟鎖封者，都要受到嚴厲處罰。比較引人深思的是如下數款規定：「若無親屬，又無房屋者，即於報官之日，令該管官驗訊明確，將瘋病之人嚴加鎖錮監禁，具詳立案。」【二】也就是說，只有在家庭已全無能力控制瘋人對抗的情況下，才會考慮轉至法律空間中進行監督，換言之，法律行為只是家庭禁閉的一種補充形態。

這裡需要略加申明的是，瘋人的禁閉儘管在國家與社會功能的意義上是出於安全的考慮，特別是滿人作為異族入主中原以後，出於安全考慮的禁閉大思路又增加了一分理由，但是，禁閉的主體空間既然落在了家庭之內，禁閉的外在法律規條就有可能內化為普通的家庭倫理。

瘋癲病人至少是在親情監護的環境下仍具有實質性的家庭成員的地位。家庭空間禁閉病人的核心傳統一直延續到當今的華人社會中，林宗義教授提供的一份對溫哥華華人社區的調查結論顯示，中國人的家庭對瘋人有一種特別的處理方式，即從容納到逐漸向外排斥的過程，這個過程分為五個階段：第一階段是家庭內部的處理時期，也就是拖延，有時候甚至延遲十年到二十年之久。家人在家庭內部動用所有能想到的治療方法，也儘可能動員家庭全部力量參與，一直到無法維持才轉入第二階段，就是拜託可信賴的外人比如親近的友人或是地方上的長者，希望藉此力量幫助矯正瘋人的異常行為。第三階段是請來家庭外的以治療為業的人員，比如藥草治療師、內科醫生及神媒道士等，希望這些人有助於治療，這時患者仍保留在家族的範圍內。第四階段是從患者被內科醫生等外人確定為精神病，而且家人也承認時開始的，被貼上「精神病」標籤，同時也意味著家族內部對於處理精神病患者的力量已經到了極限，經過門診與住院治療，發現患者康復的希望愈來愈渺茫，在經濟上和心理上都已無法再承受獨力照顧患者的重壓時，才最後進入了排斥患者的第五階段：家人們放棄了希望，只好認命說家庭內有一位治不好的精神病患者是上天注定安排的，然後將患者送到遠方的精神病院，並儘可能不去想患者的事

【一】《大清律例增修統纂集成》卷二十六，「刑律人命」。

【二】同上。

情。【一】這五個階段的變化特徵說明，瘋癲治療是由家庭為原點，逐步似水波一般地推向社區，再從社區由內及外地推至社會上更廣闊的範圍。即使是在承認精神病院作用的情況下，中國人仍會認為家庭治療的倫理作用具有優先性，這顯然不是從醫療角度推導出的結論，因此，精神病院要想贏得中國人的好感，就不僅需要在治療效果上有獨到之處，而且在醫院的組織方式上也要符合中國人的倫理習慣。以下我們將以惠愛醫院為個案檢驗這一觀點。

與中國傳統社會對瘋癲觀念與禁閉的處理背景有所不同，十八世紀末瘋癲在西方世界裡的基本內涵是一種非理性（irrationality）而非動物性（animality）。在George Jepsoh所發展出的「道德治療」（moral-treatment）的觀念影響下，【二】病人逐步像一家人一樣生活在一起，相互幫助，相互支持，他們在高度發展的管理系統中重新得到社會化。在中世紀的歐洲，瘋人的照顧要靠家庭支持，到了十八世紀初期，瘋人收容所仍然規模狹小，運行分散，很少存在有目的的建構（purpose-built）。【三】十八世紀末，十九世紀初，精神病現象開始被視為醫學處理的問題，病人與其他人口開始隔離開來並接受醫生的監管，實現了所謂「異常的『醫學化』」（medicalization of deviance）過程。【四】這一轉型過程的實現基礎簡單地說是受到福音派教義（Evangelicalism）和邊沁主義（Benthamism）【五】兩重哲學思想的交互影響。福音派教義推崇人道主義和家長式統治，邊沁則強調專門化和效率的影響；福音派僅僅滿足於使現存社會框架之內的個人道德化，功利主義者則尋求社會框架自身的道德教化，強調要提供一個排除社會惡行的制度機構，他們認為在許多方面這比自我正義（self-righteous）的福音派觀點更為有效。【六】瘋癲的文化涵義由此開始轉變，並影響到十九世紀一些改革家的觀點。人們普遍認為，社會作為一個整體是一個自由發展的過程，瘋人不再是一個動物，或被剝奪了全部人類的殘存特徵，相反，他具有人的本性。儘管瘋人缺乏自制和秩序的觀念，但仍是一個完整的人，他缺乏的本質也許經過恢復後，個人仍能成為理性的公民發揮作用。【七】福柯曾形象地把「瘋人院」稱之為「模擬的家庭」，其特點是它不是真正由實際的家庭氛圍和人員所構成，而是由各種符號和動作構成的虛擬的家庭氛圍。【八】這種虛擬狀態與中國的家庭空間完全不同，表現出的是一種外在於家庭的理性控制形式。

【一】林宗義著：《精神醫學之路——橫跨東西文化》，頁一七九—一八〇。

【二】Anne Digby, *Madness, Morality and Medicine: A Study of the York Retreat, 1796-1914*, Cambridge University Press, 1985, pp. 16-27.

【三】Andrew Scull, *The Most Solitary of Afflictions: Madness and Society in Britain*, *1700-1900*, Yale University Press, 1993, pp.10-93.

【四】Ibid.

【五】Ibid.

【六】Ibid.

【七】Ibid.

【八】〔法〕傅柯著，劉北成、楊遠嬰譯：《瘋癲與文明》，頁二二四—二二六。

十九世紀末葉，虛擬家庭結構伴著西醫東傳的陣陣塵煙，悄然步入中國。早在一八七二年，美國長老會醫學傳教士嘉約翰（John G. Kerr）就已向教會表達了一個信念，即由基督教會主持對中國精神病人實施「理性治療」（the rational treatment）的時刻將要來臨。【一】但他的建議卻遭到了廣東醫學傳教士協會的反對。在一八八六年慶祝廣州醫院開辦十五週年的紀念慶典上，嘉約翰再次強調建立精神病院的重要性。四年以後，一八九〇年在上海的傳教士工作會議上，嘉約翰的計劃終於得到了回應。一八九二年，嘉約翰在廣州城郊的芳村自費出資兩百美元購得十七畝土地建立了病院。病院的頭兩所建築物是用一位不願透露姓名的醫學傳教士捐贈的五百美元蓋起來的。嘉約翰夫人曾興奮地寫道：「一八九五年二月二十八日，一個男人身背一個精神病人站在了醫院的建築前，這是中國歷史上第一位入院治療的精神病患者。」在病人的家裡，他被鎖在一塊巨石旁達三年之久，入院前已喪失了步行能力。第二位入院的病人是位婦女，她被發現坐在一個木屋裡的地板上，鎖鏈的一頭纏繞著脖子，另一端被釘牢在她身後的地板上。【二】關於惠愛精神病院創建的目的和功能，嘉約翰明確指出其具有家庭所不具備的醫療條件，其目的是為那些被他們的家庭和朋友帶來的精神病人能有一個棲身之地，這裡比他們在自己的家中有更好的條件，得到更周到的關懷。在家庭裡，病人經常遭受不明智和粗暴的待遇，有時甚至被置於死地。【三】另一位傳教士惇嘉理（C. C. Selden）則有同樣的觀點，他說：「創設此等醫院，有數大緣因，雖然癲人之中，未必盡皆狂態，然比較在家庭中休養，不若在醫院更為合宜。因離別環境而入院留醫，有痊癒之希望，且狂態發動之時，殺人放火、毀物拆屋之事，在在堪虞。」【四】對醫院所謂「離別環境」的定義，已經把醫療與家庭空間有意作了界分。

惠愛醫院的管理方式基本上是英國約克郡診所的一種移植和翻版，嘉約翰曾經明確倡導理性治療方法，並親自把它濃縮概括成三個治療的具體原則。在提出這三個治療原則之先，嘉約翰特別提出三種有別於法律處理的對待精神病人的原則：1. 凡入院者皆為病人，如果他們的言行表現出非理性的特徵，那並非他們的過錯；2. 這是醫院，不是監獄；3. 儘管完全處於瘋癲狀態，這些病人仍是男人或者女人而不是野獸。有了這三條原則作為先導，嘉約翰進一步提出了相當變通靈活的治療程序：（1）儘量運用勸說的手段——在必要的情況下最低限度地使用力量管理；（2）給予病人自由——在必要的情況下才實施最低限度的監禁管束；（3）在溫和的

【一】C. C. Selden, "the Story of the John G. Kerr Hospital for the Insane", *Chinese Medical Journal*, vol. 152, November 1937, pp. 706-714.

【二】Ibid.

【三】C. C. Selden, "The Need of More Hospital for Insane in China", *China Medical Journal*, Vol XXIV, September 1910, p.326.

【四】〔美〕恂嘉理：〈廣州惠愛醫院小史與概況〉，《中華基督教會年鑒》第八期（中國教會研究中心印行，一九二五年）。

態度下使病人伴以休息、熱水浴、戶外活動、身體鍛煉和職業勞動——在必要的情況下最低限度地實行藥物治療。在這套原則中，對理性與非理性界限的有效甄別被作為管理的基礎而得到了推廣。【一】

在建築地點的選擇上，嘉約翰則嚴格遵循西方精神病院虛擬家庭的型構原則，惠愛醫院儘量避開喧囂煩擾的環境，為病人提供舒適的治療空間，經過一段時間的發展，醫院租用了周圍的大片土地建設供療養用的單棟村居式系統（the cottage system）。【二】這些住所設計成微型的分散式家居型建築，而不是大型的機構式建築物，對於敏感的病人療養更為適宜。單居型建築也可造成使吵鬧的病人與安靜的病人相互隔離的效果。病人分散其間亦可參與種植花草、蔬菜，從而做到自食其力。

在中國，人們習慣於把私人和公共機構用高牆環繞起來，禁閉於高牆中的病人很難有居家的感覺。為了營造出充分的「家庭感」，隨著徵地的不斷擴大，醫院周圍只是簡單地圍起了約一人高的籬笆。【三】

新病人在入院時要立即除去鎖鏈和腳鐐，在病房中迅速進行甄別，觀察其是否情緒失調，是否有不潔習慣，脾氣屬喧躁還是安靜，是否有癲癇或其他疾病，在區分出情緒不穩和具有危險傾向的病人之後，就會給予其他人以自由。由於病人總是確信自己被不公平地禁閉在監獄之中，惠愛醫院往往要付出很大努力來消除病人這種被監禁的感覺，醫院管理員堅持不穿制服，目的是避免病人把他們當作士兵和警察。

惠愛醫院道德空間的建構還反映在內部的裝修設計上，比如建築地面原先使用瓷磚，但病人經常予以破壞，用碎片來傷害自己，所以新建築的地面改用水泥混凝土取代瓷磚，既潔淨又安全防火。又如窗戶的安裝，全部用筆直的鐵條裝飾。為了使病人克服被囚禁於監獄中的感覺，而有在家裡的印象，醫院對窗戶的形狀和構圖刻意進行了改造，鐵條被裝飾彎曲為帶花的圖案，有的鐵條呈十字交叉形狀，十字周圍均鑲以薄玻璃，鐵條之間的空隙十分狹小，容不得人體穿越而過，但漂亮的窗戶裝飾卻不會給人以蹲監獄的感覺。【四】

儘管惠愛醫院在模擬家庭氛圍方面作了大量努力，但是就醫院報告中的統計數字來看，病人的恢復率並不算高，相反死亡率卻相對較高。自一八九八年正式建院以來，到一九一〇年止，惠愛醫院已收留一千四百五十八位病人，僅一九〇九年一年即有兩百三十九位病人入院，

【一】C. C. Selden, “A Work for the Insane in China”, *The Chinese Recorder,* May 1909, p. 262.

【二】“The John G. Kerr Refuge for Insane”, *The China Medical Journal,* vol. XXII, March 1908, pp. 83-84.

【三】同上。

【四】C. C. Selden, “Treatment of the Insane”, *Chiyia Medical Journal,* July 1909, pp. 221-223.

百九十八位被釋放回家。病人入院治療的情況如下表所示：【二】

	人數	佔入院者	佔釋放者
治療	97	40.5%	49%
恢復	16	6.5%	8%
沒有恢復	37	15.5%	18.5%
死亡	48	21%	24%

從上表觀察，沒有恢復和死亡的病人比例仍很高。這一現象的出現乃是因為病人在家庭中長期消耗，以至於到達醫院時不少人已到奄奄一息的地步，有的親屬甚至聽任其自然死亡，病人被鎖在屋外院子裡的大石頭上，暴露於風吹日曬之中無聲無息地死去。在精神病學和精神病院傳入中國以前，對精神病人使用家庭暴力常常是因為多年內耗，親屬們已承受不住如此巨大的精神壓力不得已而採取極端行為，放逐病人於醫院之內則已相當於林宗義所說精神病人管理的第五階段。在這一階段中，病人已被強行排斥於家庭之外，以防其進一步對範圍更大的社區生活造成影響。有一個例子頗能說明問題，為了對付一個有暴力行為的男精神病患者，他的母親竟僱傭了流氓暴徒打斷了親生兒子的一條腿和一隻胳膊，目的僅是為了使兒子喪失恐嚇鄰居的能力，這位可憐人的痛苦是如此地巨大以至於最終想要自殺，此實例表明中國人對瘋癲狀態

的界定與處理方式在相當程度上受社區環境的支配和影響。在一般中國人的頭腦中，並沒有把精神失常當作疾病之一種的概念，也就是說，西方的疾病類型學分析在普通百姓中完全是一種陌生的認知體系，這一點與溫哥華華人社區的情況尚有區別，後者是在承認精神病治療的有效性前提下採取自我保護的行動。普通中國人在家庭中禁閉精神病人，往往是考慮到病人對社區安全與利益的威脅，而不是醫療氛圍的營造，一旦精神病人對社區構成威脅，家人就寧可採取放逐的策略，以重新爭取社區對其自身位置的認同。不少病例證明，中國家庭對病人的態度是受群體取向而非個人的疾病因素影響的，有一個例子是，北京教會學校的一個青年學生臨近畢業時得了精神分裂症，他被帶到協和醫院進行檢查治療，當時協和尚無精神病院。學生的精神狀況變得越來越壞，當他騷擾鄰近的病人時，引起了普遍的反感，他的父親被要求對此負責，父親一氣之下試圖把兒子沉入離家不遠的河裡以保護自己。這位父親即是明顯感受到了團體壓力的威脅才試圖作出如此過激的選擇。

正是因為中國人對精神病人的態度受群體利益取向所左右，所以他們對精神病人禁錮空間

【一】C. C. Selden, "The Need of More Hospitals fcr Insane in China", pp. 323-330. 按照沈家本的說法，清政府在一九〇八年已承認清律強迫家庭或鄰居登記圈禁瘋癲病人的條款在實施過程中已宣告失敗。參見前引書 *Madness in late Imperial China: From illness to Deviance*, pp.74-75。也正是在一九〇八年以後，惠愛醫院接受的政府病人數量開始超過了私人病人的數量。

的選擇往往搖擺於家庭與監獄之間，只是出於安全角度的考慮，他們採取的禁閉與鎖囚的暴力方式才是基本一致的，甚至精神病人和刑事罪犯常被關在一起。二十世紀初，北京有一間名目上是精神病人收容所的地方，其囚禁方法和監獄無甚區別，禁閉過程中也時常使用鎖鏈，無人關心他們的身體是否舒適，許多人在惡劣的生活條件下得了肺結核病。據傳教士的報告，這間收容所同時關押著一百五十個罪犯，因為沒有其他監獄可以收容他們。【一】

據惠愛醫院歷年的報告記載，不少送往醫院的病人並不是完全出於病情輕重的考慮，而是因為病人已嚴重威脅了社區的正常生活秩序，或者已威脅到了家人在社區中的合理位置。因此，病人的恢復與否並不完全取決於醫學意義上的病情是否好轉，更重要的是取決於病人是否為整個社區環境所接納。如惠愛醫院一九一六年至一九一七年的報告中曾列舉了幾位病人的例子。有一個男子經過醫院治療，身心兩次得到了恢復，兩次被釋放回家，但是在第二次回家後的兩三個星期的時間內他又被送回了醫院，原因是病人在醫院之外的環境無法控制自己而經常犯病，更明白些說，病人在經過醫院模擬家庭氛圍的熏陶後，反而已不適應社區的生活空間。在此情況下，惠愛醫院決定再次收留他，安排他負責醫院的蓄水及排水系統。在三年療養的時間裡，這名男子最終康復了。【二】

另一個例子是，一位男病人被他的兄弟送到了醫院，病人的兄弟請求醫院不要把病人送回家庭，因為他害怕病人會被村裡的人殺掉，因為在發病的時候，病人曾發生不正常的暴力侵害行為。惠愛醫院接納了這位病人，讓他負責醫院的洗滌工作。病人曾經舊病復發，連續一兩個星期陷入深深的煩躁消沉狀態，甚至想要自殺，經過洗浴治療法的持續醫治終於恢復了正常，情緒變得開朗起來，不但恢復了原有的工作能力，而且兼職部分福音傳播工作。這一病例明顯地說明，精神病院成為社區與家庭對非正常人進行監控的延伸機構。站在普通中國人的立場來看，惠愛醫院與監獄的功能沒有區別，普通中國人甚至認為入院可能有去無回。一九二二至一九二三年的報告中講述了一個已婚婦女在自己心愛的孩子死亡以後，因悲痛過度導致精神失常而入院，在她恢復後回到家中時，發現丈夫已經死去了，她的房子和全部家產都被其他人瓜分。人們所持的理由是，他們不信她能活著回來。婦女由此感嘆道：「村裡人真是太沒有良心了。」【三】

一九二四年的報告中有一則故事值得在此評述，這年有個男子帶著極大的煩惱來到惠愛醫院，看看是否能把侄子的媳婦帶回鄉下。他告知醫生下列緣由：他侄媳的家庭發現病人消失了，遂疑她的丈夫把妻子趕出了家門另娶新歡為妾，侄媳的家屬並不能接受她已犯了精神病這

【一】J. H. Ingram, "The Pitiable Condition of the Insane in North China", *The China Medical Journal*, vol XXXII, March 1918, p.153.

【二】*The John G. Kerr Refuge For Insane, Report for 1916 and 1917*, Yale Divinity School Special Collections, pp. 1-14.

【三】*Report for the Years 1922 and 1923*, p.4.

一解釋，當建議他們去醫院自己驗證時，家屬們根本聽不進去並且態度十分粗暴。妻子的宗族比丈夫的宗族勢力強大，丈夫向自己的宗族尋求幫助是無效的，事態越來越嚴重，侄媳的家屬有一天一起擁入丈夫家中，藉口他不好好招待客人，找茬兒宰殺了他家的豬和各類家禽，設宴招待了自己，並且還威脅說要殺了他。醫院無奈只好動員病人回家，但遭到病人的堅決拒絕，叔叔最終也無法把她帶走。約六個月後，這位婦女死在了醫院，故事也就此結束。【一】

這一病例說明，一個人如果不幸患有精神病，只要他（她）本人不足以構成對家庭或社區日常生活的威脅，或者人們對其評價按社區的標準尚屬正常範圍，那麼，他（她）就仍會被社會所接納。在此情況下，如果病人消失於社區公眾的視野之內而進入了精神病醫療空間，卻反而顯得不那麼正常了。這恰恰昭示出，中國人即使到了近代，對精神病類型的認知仍舊時刻受社會因素包括地方感覺的強烈支配，而不是從醫學分類的現代性知識系統出發的。

（二）瘋癲治療與地方政治

惠愛醫院自從一八九八年正式接納第一個病人起，基本上是為私人家庭的病患者服務的，與地方和公共機構沒有什麼關聯。可是在一九〇四年的一天，廣州衙門的一個皂吏帶著一位病人出現在了惠愛醫院門口。他隨身帶來一封信，信中說希望醫院與地方衙門合作，接受送來的病人，條件是由地方政府每月負擔這些「公家病人」的醫療費用。結果這個病人被醫院收留了，隨著一封回信被帶進衙門，由此開始了政府與惠愛醫院長達二十三年的合作交往。這一天可以說是瘋癲治療與地方政治發生聯繫的重大轉折，其意義首先在於精神病院的存在得到了地方政府的正式認可，其次是惠愛醫院由治療家庭病人為主體的功能隨著政府病人入院數字的不斷增加而發生了轉變。自此之後，醫院和地方紳士達成協議，他們負責選定和購買地皮，通過地方官府審批再交付給醫院，並應允每年向醫院提供部分幫助。官府從此開始大量向醫院輸送病人。【二】

到一九〇九年，惠愛醫院內收容的一百九十四名病人中，有九十九名是被官方送來或接受官方資助的。這九十九名病人中約有一半來自香港，這些人最初被送到英國殖民地中的政府精神病收容所（Government Lunatic Asylum）接受監管，然後又按團體規模整批移交給了廣州的中國官員，最後再轉到惠愛醫院。而也就在幾年前，這批精神病人中的嚴重者照例會像普通罪犯一樣被投入監獄，那些明顯具有非攻擊性特徵的瘋人則會被趕到大街上四處遊蕩。這九十九名中的另一半人是廣州地方政府從大街上收集起來送往醫院的，這批人在街上流浪時往往不能

【一】《廣州芳村惠愛醫院徵信錄》，頁五，Yale Divinity School Special Collections.

【二】C. C. Selden, "The Need of More Hospitals for Insane in China", PP. 323-330.

照顧自己，並有潛在的暴力傾向。【一】到一九一〇年，醫院內已收留了一百二十二名由官府送來的病人，他們大部分是從廣州街道上撿來的。【二】

隨著一九一一年辛亥革命的勝利，廣州地方政府處於政權交替的過渡時期，維持這些「公共病人」的費用來源暫時中斷了，但民國政府成立之後，所有病人的費用即被全部付清，沒有再行施欠。惠愛醫院接納政府病人的功能亦沒有什麼明顯的改變。按醫院報告中所說，地方政府和醫院的關係從一九〇四到一九二二年保持得最為和諧。一九二二年在北方爆發戰爭時，日常資助的時間卻被推遲了，也就在這段時間內，政府提供的病人數目卻有了持續增長，醫院每天的費用越來越難以為繼。最困難的年份是一九二五年，五百多個病人滯留院中，醫院約需美金三百三十六萬五千七百一十五元金額的資助，而政府只能付出六萬三千元的數目，在這期間，一百位病人已被迫由官方移置於新開設的政府收容所中。【三】

面對如此困難，香港政府主動承擔了港島赴粵者的費用，部分緩解了資金運轉的緊張狀況，但是仍有三百多位病人的費用供給不足，到了一九二七年政府欠款已高達美金八百九十七萬九千八百二十三元。一九二四年，為了擴大醫院的建設規模，惠愛醫院的助理醫生和中國職員曾遠赴香港、夏威夷群島及美國西海岸尋求華僑的幫助，得到了熱烈的響應，只是由於政府無力提供病人的日常費用，籌借到的用於建築新址的款項只好用來維持病人日常起居生活的開支。

仔細閱讀惠愛醫院歷年的報告，一個有趣的現象經常縈繞於我的腦際，那就是惠愛醫院有一個從注重個人精神病治療的功能向作為國家安全控制系統的分支機構轉變的過程。在一九〇四年以前，惠愛醫院收納的家庭病人來自不同的地區，如福州、上海、威海衛、天津及澳門、香港等地，病人均由親屬或朋友送來，沒有任何家庭外的特殊背景。在建院的早期，大約一八九二年前後，嘉約翰醫生曾試圖通過遞交一份發展計劃得到封疆大吏如張之洞的支持，張之洞的幕僚曾回有一信，大意是說：「我隨信一道退回這項關於收容所的計劃書，很抱歉地講，總督對此並不感興趣。」【四】

那麼事隔十二年之後，惠愛醫院為什麼又突然得到地方官吏的青睞和重視呢？如果把惠愛醫院的運作以及地方官吏對其功能的利用，放在清代對「瘋癲」認知的歷史長河中進行考察，答案應當是非常清楚的。廣州地方官吏對惠愛醫院的態度與以往官僚對瘋癲管理的傳統態度是完全一致的，他們都把監管瘋人的任何場所，無論是家庭、收容所、救濟院、監獄還是正牌的精神病院，均看成是維護地方安全、監控社會秩序的一個政治性的環節。在這一前提下，他們

【一】C. C. Selden. "A Work for the Insane in China", p.262.

【二】C. C. Selden, "The Need of More Hospitals for Insane in China", pp. 323-330.

【三】C. C. Selden, "The Story of the John G, Kerr Hospital for the Insane", pp. 706-714.

【四】同上。

根本沒有興趣關注醫院作為空間存在的實際內容，或者去深究禁閉手段的種種區別，例如是醫學治療抑或是法律控制，而只是注重其身心限制的外在形式是否真正有效。

這一判斷取向在清初即已萌生端倪，清政府以外族身份入主中原，從雍正朝起就不斷加強對地方的控制如完善保甲制度等等，力圖把觸角更深入地滲透到基層。對瘋癲行為的控制尺度也是按是否威脅社會秩序的尺度擬定的，與醫療過程無關。清初曾發生過一起瘋人連殺四位親人的慘案，導致了一七五三年一個針對瘋人的專門律條出台，規定凡瘋者殺人將被投入監獄而非拘禁於家，只有當瘋人恢復後要等待一年多的觀察，確認不會再行犯案，才能重新把病人置於家庭環境之下。【一】這條律令在一七五六年正式載入《大清律例》。由此之後，監獄幾乎變成了家庭之外收容精神病人的唯一合法空間。

惠愛醫院在廣州的設立，作為一種管束瘋人的新型空間，其有效性是有目共睹的，儘管這種有效性是建立在現代精神病學和醫院管理的共同作用基礎之上。可是從外觀上看，特別是從地方官吏的立場觀察，這種監控的空間形式卻是和監獄的功能完全一致的，意即都是起著社會安全閥門的作用。可以表明這種意識存在的一個證據是地方政府在收攬街道上的瘋人時，往往缺乏仔細的辨別，有時會把呈現暴力傾向的罪犯也一併納入醫院收容的行列。

從惠愛醫院的角度而言，當然不希望自己被完全等同於監獄的控制功能，而是要極力使人們意識到精神病院的治療程序與空間安排，是與安全閥門式的監獄制度大相徑庭的，方法之一是公開醫院的管理和醫療系統，歡迎外人參觀。據一九一六至一九一七年的報告記載，這兩年參觀醫院的人數逐漸增多，參觀者來自不同的機構和部門，如一些基督教會和政府部門，一些教會團體把參觀醫院作為研究社會學或社會服務的一個組成部分。特別值得關注的是，一個政府法律學校也派出了一個代表團前來參觀，據其中一位教師說是政府建議他們來的。【二】這一信息無意間表露出了政府對惠愛醫院的真實態度，那就是仍把它視為法律監控系統的一個組成環節，而沒有視其為病理學意義上的醫療空間。一九二二年，廣東政府發起組織了第二次精神衛生運動（Mental Hygiene Campaign），人們又紛紛擁入惠愛醫院參觀訪問。因為有太多的參觀者，醫院裡一時變得擁擠不堪，病人大多數只好被關在自己的房間裡。不久，一個與病區隔離的專供參觀者觀望的高台搭建了起來，站在這個台子上，參觀者可俯瞰病人的生活舉動。在這次精神衛生運動進行的短短五天時間裡，大約有五萬到六萬人參與了各項活動。運動過後，惠愛醫院的醫生們得出結論，運動的最大成功之處是人們的注意力開始集中於精神病人本身及其治療過程，特別是病人在醫院中有很多自由這一事實對來訪者亦有所觸動。在這次運動的影響

【一】Martha Li Chiu:〈中國帝制時代的瘋狂行為：法律個案的研究〉，頁六二——六六、八二。

【二】"The John G. Kerr Refuge For Insane", Report for 1916 and 1917, pp. 1-14.

下，回到家鄉的病人也開始被允許有更多的活動自由。【一】不過可以斷定的是，這種對瘋癲治療的關注可能是十分短暫的，因為對瘋癲禁閉形式的習慣性看法是地方傳統結構的組成部分，要想從根本上加以改變是非常困難的。至於西方醫學的理念在多大程度上能夠改變中國人根深蒂固的社會傳統，限於篇幅，我們只好留待另文討論。

結論：我們如何挑戰福柯

福柯在《瘋癲與文明》、《監禁與懲罰》等著作中反覆申明的一個主題是，知識並非是以完全獨立而純化的形態存在的，知識總會通過各種形式和途徑昭示自身的權力，這種權力的滲透幾乎是無所不在的，是絕對性的。其隱而不彰或被人們視而不見，不過是因為其變通採取了諸如監獄、收容所、醫院、工廠、軍營等等不同的日常表達方式而已。推而廣之，建立在權力位勢之上的現代「知識論」具有一種無所不在的滲透能力，在近代理性化原則的驅動下，大有席捲全球之勢。知識論同樣可以推導出空間控制技術，任何現代空間的確立都與技術控制有關，技術不管被置於何種制度的形式框架中，都在追求一個「可被限制使用、轉化與改進的馴良身體」。其相關方式是可由對身體之範導與訓練（drill sand training），經由長期的行動標準化，以及經由對空間的控制加以完成的。紀律來自在空間中不同個體的組織化，因此它必需具備一特定的空間圍場（enclosure），一旦此圍場建立起來，將允許有待訓練與監視之個體的確立分派。醫療空間的確立即是這種圍場的表現形式。【二】

福柯對空間與權力關係的判斷顯然基於西方社會的歷史經驗，他的知識論體系直接推導出制度變遷的理論也大多可以在西方社會中得到驗證。然而不少中國史的研究者卻常常不自覺地接受了福柯「知識即權力」的認知前提，他們幾乎一致認為，西方醫療體系在近現代中國的普及完全是「知識化」和國家權力綜合作用的結果，其程序是由知識界在輿論層面上率先倡導，經過國家機構的推行而達至基層，基層百姓則完全是通過此誘導過程被動接受了西方醫療空間的支配。可是問題在於，所謂醫療空間在中國的圈地形式卻並非如西方那樣是一種原生的狀態，而是屬於外來的事物。醫療空間的如此移植也不可能像西方那樣自然變成權力網絡中內部操作的自足系統，而是必須面臨「地方感」對其進行合理性的檢視與篩選，而且還面臨地方知識資源（如中醫、巫術等）與外來知識系統如何共享權力的問題。【三】換言之，西方醫療空間所具備的權力特徵，一旦到了異地就不一定具有不證自明的合理性，它必須在地方語境的包圍

【一】同上。

【二】〔法〕戈溫德林．萊特（Wright Gwendolyn）、〔法〕保羅．雷比諾（Paul Rabinoul）著，陳志梧譯：〈權力的空間化——米歇．傅寇作品的討論〉，載《空間的文化形式與社會理論讀本》，頁三七五—三八四。

【三】Paul U. Unschuld, *Medical Ethics in Imperial China: A Study in Historical Anthropology*, University of California Press, 1979, pp. 4 -9.

中，在與地方意識的碰撞和較量中驗明其權力控制是否具有普泛的價值。按照福柯的設計，醫療權力在西方的無所不在與毋庸置疑，在東方的中國可能就會變成一個屢遭質疑的問題。

以上的研究可以證明，西方醫療空間要想在中國民間社會中立足與拓展，就必須經由「地方感」的認同，對於普通中國人來說，這首先是個本土經驗是否認可的問題。歷史上形成的意象、觀念和符號的積累使普通民眾擁有自己對任何空間構成的解釋和經驗，地方感導源於內在熟悉的知識，導源於「在一個實質環境中的關懷領域（fields of care）網絡，導源於周遭環境的整體經驗」。醫療空間嵌入中國社會首先就會與普通中國人的關懷領域相衝突，如對醫療過程透明性的認知習慣，對「叫魂」儀式的家庭性參與，以及把臨床醫學的標準化行為神秘化所造成的恐懼等等。【一】

按照瑞夫（Relph）的劃分，地方具有真實感和不具有真實感（authentic and inauthentic）是有很大差別的。「一個具有真實感的地方，最重要的是在個體以及作為某社群的一員來說，它是內在於而且是歸屬於你的場所，知道這種狀況，而不會損及它的存在。然而一個對地點不真實的態度，基本上是缺乏地方感的，因為它無法令人知覺到地點的更深沉的、象徵的重要意義，更不會對其自明性（identity）有所讚賞。」瑞夫接著說，一個真實的地方感，多半是不自覺的，一系列被深深感動的意義，建立在對象、背景環境、事件以及日常實踐與被視為理所當然的生活的基本特殊性的性質之上，它不再被視為是什麼，而是應該是什麼。【二】因此，如果西方醫療系統要想作為一種地方不熟悉的空間形式植根於中國的基層社會，就必須對中國百姓的地方空間感的「自明性」有所接觸和了解，並對其中的部分內容有所認同，以增強空間在地方上的真實感程度，否則，醫療空間的技術權力控制就完全是自足性的和封閉式的，與中國社會的基本運作無關。對中國百姓地方感自明性的認同，明顯必須在對家庭空間的模仿與趨同方面，包括臨床護理的家庭化、手術的公開展示以及通過醫院社會服務系統與社區慈善機構進行協調合作，等等。

另一方面，所謂百姓的「地方感」和「感覺結構」【三】也會受到非地域性宰制制度計劃的影響，這種外在力量常常表現為都市化的空間制約與地方或國家權力的干預。對醫療空間的接受固然首先需滿足百姓克服對臨床醫學頗感陌生的地方經驗，甚至在技術環節上必須達致某種道德一致性的妥協，但是中國基層民眾的地方意識也會不斷被置於現代性的時空之流中加以鍛造，人與人之間在地方和日常路徑方面形成的類似性在如此劇烈的環境變遷下，必須為不同背景的人們所分享，地方經驗對外來陌生空間的抗拒過程也逐步受宰制性政策的支配，從而不斷

【一】〔美〕艾蘭．普瑞德著、許坤榮譯：〈結構歷程和地方——地方感和感覺結構的形成過程〉，頁八一——一〇三。
【二】同上。
【三】同上。

修正自身的態度。【一】

綜上所述，如果要重建晚清以來中國基層社會「地方感」與西方醫療空間的對應互動圖景，似應首先考慮地方傳統在哪些細節上與西方醫療空間達成了微妙的認同關係，其次才可能考慮「地方感」在外界權力強制干預下造成的破損及其影響。以往的研究過於注意第二層面的關係，即過多強調政治強制性和知識論範導的作用，以至於無法解釋中國民間社會對西方醫療空間主觀接受的涵義與程度，「中體西用」的變革模式作為國家宰制性計劃的理論概括和「知識論」意義的推導固然可以說明一部分問題，但是這一視角過於拘泥於歷史上制度運作者本身的認知取向，卻忽略了作為社會主體的普通百姓的認知和感覺在接受外來制度與文化時的核心意義。

【一】Neil Diamant, "China's 'Great Confinement'?: Missionaries Municipal Elites and Police in the Establishment of Chinese Mental Hospital", *Republican China*, November 1993, pp. 3-9.

「蘭安生（John B. Grant）模式」與民國初年北京生死控制空間的轉換*

* 本研究得到了隸屬於美國 The Overseas Ministries Study Center (New Haven, Connecticut) 之 The Research Enablement Program 研究計劃提供的 Pew Charitable Trust 基金的支持，作者對此表示感謝。本文選自《社會學研究》，一九九九年第四期。

一、從警察空間到醫療空間：生死控制過程如何深化

許多研究表明，近代中國城市空間自晚清以來發生了重要變化。【一】其中最重要的變化之一就是警察系統對社區空間的監控有所加強。一般學者認為，武裝的官僚式警察的出現是與十八世紀以來歐洲資本主義發展過程相呼應的，工業化浪潮所造成的城市化結果，使歐洲城市的警察開始日益與傳統社區經常處於對峙狀態。對於警察而言，公共場所總是具有令人厭惡的特性，警察系統對流行文化的改造，逐步取代了社區組織的自治功能，從而影響了自十九世紀以來社區文化的轉變。

與歐洲的城市化過程相比較，有學者證明，中國城市警察力量無論是否經過工業化的洗禮，均是植根於人口集中的社會結果。大量密集的人口產生了城市日益增加的亞文化群，他們之間的潛在衝突導致了空間秩序按區域安排進行重組。當這種重組秩序佔據了城市空間後，一系列的亞文化群和行動模式就會在空間中被分割開來，儘管空間秩序最初是自發形成的，警察功能的介入卻是政府積極運作的結果。【二】

儘管如此，在作為晚清新政改革內容之一的新式警察創建過程中，社區傳統組織的功能仍一度佔據著主導地位。以北京城為例，北京在「新政」前一直是個崇尚社會自我控制的城市，這種控制通過會館、貿易行會、水會及家庭來規範個人，具有相當大的權威性，警察只是當罪

犯威脅公共安全時才出面維持秩序。【三】所以在相當長的歷史時期內，警察對社區空間的滲透與分割能力是非常有限的。但是到二十世紀二十年代，中國的一些城市逐步引進了西方的衛生實驗區，卻使得城市生活的結構和內容發生了明顯的變化。早在十九世紀九十年代，上海的外國租界就已意識到了公共衛生與政府作用的關係，開始依靠政府的力量加強所在地區的水源及食品供應等項目的檢測。上海現代醫療區域形成的最早契機是，傳教士發現每當霍亂襲來，在租界內的外國人（包括駐紮港口的軍隊）往往與中國人一樣難以抵擋，死亡率很高。所以他們逐漸開始建立起一套衛生勘察系統，如詹姆斯·亨德森（James Henderson）在一八六三年出版的《上海衛生》一書中，就曾尋求建構一個完整的地方氣候學網絡，以便維護健康。上海不僅成為驗證歐洲「醫療氣候學」理論的一個實驗場，而且在租界人口中廣泛推行了疾病類型學（nosology）中「衛生隔離區」的概念。

一個更為典型的例子是，在一九一〇年以後的東北防疫期間，哈爾濱自發現第一個瘟疫病

【一】William T. Rowe, *Hankow: Commerce and Societyina Chinese City, 1796-1889,* Standford University Press, 1984. William T. Rowe, *Conflict and Communityina Chinese City, 1796-1895,* Standford University Press, 1989.

【二】Alison Dray-Novey, “Spatial Order and Police in Imperial Beijing” , *The Journal of Asian Studies,* Vol. 52, No. 4, 1993, pp. 885-922.

【三】同上。

人後，在兩個星期之內哈爾濱衛生行政機構就確立了一個觀察和隔離的區域，把全城劃分為八個衛生區（sanitary districts），在區域內迅速任命衛生官員，提供被傳染商品的破壞補償，準備用中文演講的小冊子，並從俄國邀請醫療救助。【二】這反映出西方醫療體系對中國傳統社區制度的滲透，已進入了所謂「制度化世界的殖民化」（institutional world is colonization）時期。二十世紀二十年代，北京在協和醫院的幫助下建立了第一個衛生示範區，示範區的建立不僅改變了中國城市基層人民的生活習慣和日常節奏，也促使其空間觀念發生了巨大的轉變。本文的研究就準備集中於衛生示範區的建立對民國初年北京生死控制觀念和行為的實際影響上。

北京城之所以有其獨特的魅力，並不僅僅在於它是數朝古都，更在於其擁有三百六十行的民俗風情點綴於大街小巷，操辦生死之事即是其中頗為繁忙的職業。傳統意義上的生死控制在相當程度上集中於接生婆和陰陽先生的手中，接生婆以個體的形式走街串巷，從事新生兒的接生工作；陰陽先生則通過特殊的技術確定葬儀舉行的空間和時間，並負責驗視死者的死因。在傳統社區的氛圍之中，出生與死亡都會導致特定時空中的儀式行為，這種行為無疑會給家庭和周邊社區的人群構成特殊的社會和文化壓力，而且這種壓力會持續發生變化，因為孕婦的每一聲苦痛的呼喊，新生兒的每一次呼吸，死者移靈的每一個步驟，都影響到周圍人的心理變化和行為選擇，進而從心理現象轉化為文化現象。而「接生婆」和「陰陽生」的作用就在於通過某種儀式把生死的自然過程整合進社區網絡之中，使之轉化為一種可以為眾人接受的社會程序。

因為按照歷史社會學的論斷，孩子的出生是從母親身體中脫離出來，這是個十分脆弱的運動過程，極易給周圍的人造成持續的不安全感。馬林諾夫斯基就曾指出：在西方社會中，懷孕被視為一種有害的狀態，會「導致了正常社會生活的中斷」；【二】而死亡更被作為「社會秩序的褻瀆」（sacrilege against thesocial order），【三】使常人唯恐避之不及。死亡不僅提醒我們每個人都會有致命的一天，而且也提醒了我們社會制度與團體的脆弱性。可是也正因如此，死亡儀式也變成了創造新團體關係的機會。所以接生婆和陰陽先生在傳統社區中充當的就不僅是某種專業技術人員的形象，而且具有重新協調社會秩序的功能。比如對於地方社會而言，接生婆並不僅僅是一個醫生的形象，而且是使新生兒具備生存合法性的儀式的主持和實施者；陰陽先生的工作也不僅僅是簡單地勘察風水，而是通過死亡儀式重新界定生者與死者的界限關係。

本文的研究證明，二十年代西方衛生實驗區在北京的建立比警察制度更有效地破壞了傳統社區中有關生死的控制形式和傳統觀念，從而使接生婆和陰陽先生原有的公共形象（a public

【一】Carl F. Nathan, *Plague Prvention and Politics in Manchuria, 1910-1931,* Harvard University Press, 1967, p.14.

【二】Mireille Laget, "Childbirth in Seventeenth and Eighteeth-Centurv France: Obstetrical Practices and Collective Attitudes", in Robert Forster and Orest Ranum (eds) , *Medicine and Society in France*, The Johns Hopkins University Press, 1980, p.142.

【三】Rubie S. Watson, "Remembering the Dead: Graves and Politicsin SoutheasternChina", in James L. Watson and Evelyn S. Rawski (eds), *Death Ritual in late Imperial and Modern China,* University of California Press, 1988, pp. 203-206.

image）與專業認同（a professional identity）之間發生了緊張和錯位。首先，在衛生示範區建立於原有社區之上後，「公共形象」優劣的權威標準不是由地方社會的傳統成員加以認定，而是由國家體制控制下的醫療程序加以認定，這樣就造成接生婆在原有社區內身份的變化。其次，接生婆和陰陽先生原有的「專業認同」的儀式功能發生了轉換。「專業認同」不是由地方社區中的儀式界定所能壟斷的，而是國家通過醫療空間的控制，如衛生事務所網絡的建立來為接生婆的身份賦予新的內涵，這種內涵的依據即是現代醫學中的產科接生技術。同時，國家通過接生婆訓練班和「陰陽生取締章程」等措施，不斷擴大現代醫療技術與傳統社區儀式之間的緊張關係，最終實現了國家權力對城市社會生活更為全面的控制。

二、從生到死：傳統社區內的儀式表演

在老北京，孩子出生是一件相當重要的大事，生育的時刻一旦來臨，就標誌著一系列儀式即將登場，特別是男孩子出生更不會單純地被視為一個生理現象，而是帶有相當濃厚的社會與文化含義，似乎與家族的興衰密不可分，也似乎喻示著家庭秩序將得到重新調整。與正常人不同，剛出生的嬰兒儘管已經匆忙墜落在了塵世網絡之中，但是在經過一定的儀式加以認定之前，仍被視為一個陌生人，只有在經過儀式確認其足以強健地生存下來之後，嬰兒才能在家庭

中接受一個新的位置，所以煩瑣儀式的舉行就成為一個新的社會成員被接納的表演形式。

老北京的接生婆人們習慣稱之為「收生姥姥」或「吉祥姥姥」，又叫「穩婆」。「穩婆」都在自家門口掛個小木牌，上書「快馬輕車，某氏收洗」字樣，下邊綴以紅布條，當作幌子。老北京的通例是約在產婦臨產前三四個星期，即將穩婆接來「認門」，對產婦略作診視，至臨產時，再請其來家接生；孩子生下三天後，必請穩婆來家主持嬰兒的洗禮，名叫「洗三」，並循例予以厚贈。「洗三」之日，通常只有近親來賀，多送給產婦一些荔枝、龍眼、落花生之類，或送紅色雞蛋，產婦本家僅用一頓炒菜麵進行招待，俗稱「洗三麵」。「洗三」儀式通常在午飯後舉行，首先，在產房外廳正面設上香案，供奉碧霞元君、瓊霄娘娘、雲霄娘娘、催生娘娘、送子娘娘、痘疹娘娘、眼光娘娘等十三位神像。叩拜完畢，「洗三」典禮就算正式開始了，產婦本家依尊卑長幼帶頭往盆裡添一小勺清水，再放一些錢幣「添盆」。此外，還可以添些桂圓、荔枝、紅棗、花生、栗子之類的喜果。孩子放入澡盆後受涼一哭，不但不犯忌諱，反而吉祥，謂之「響盆」。姥姥一邊給嬰兒洗澡，一邊念叨各種各樣的吉祥祝詞，比如：「先洗頭，做王侯；後洗腰，一輩倒比一輩高；洗洗蛋，做知縣；洗洗溝，做知州。」隨後，把艾葉球兒點著，以生薑片作托，放在嬰兒腦門上，象徵性地灸一灸，再給嬰兒梳頭打扮一下，說什麼「三梳子，兩攏子，長大戴個紅頂子；左描眉，右打鬢，找個媳婦（女婿）準四襯；刷刷牙，漱漱口，跟人說話免丟醜」。洗罷，把孩子捆好，用一棵大蔥往身上輕輕打三下說「一打聰明

（『聰』與『蔥』諧音），二打伶俐」。打完之後叫人把蔥扔在房頂上（有祝願小孩將來聰明絕頂之意）。拿起秤砣幾比劃，說「秤砣雖小壓千斤」（祝願嬰兒長大後在家庭、社會有舉足輕重的地位）。拿起鎖頭三比劃，說「長大啦，頭緊、腳緊、手緊」（祝願孩子長大後穩重、謹慎）。再把嬰兒托在盤子裡，用產婦家事先準備好的金銀錁子或首飾往嬰兒身上一掖，說「左掖金，右掖銀，花不了，賞大人」（祝願小孩長大後，福大祿大財命大）。最有趣者，把幾朵紙製的石榴花往烘籠兒裡一篩，說道：「梔子花、茉莉花、桃、杏、玫瑰、晚香玉，花瘢痘疹稀稀拉拉兒的……」（祝願小孩不出或少出天花，沒災沒病地健康成長）【一】

通過觀察「洗三」的完整過程，我們可以對「吉祥姥姥」在社區中的「公共形象」進行清晰的界定。從「吉祥姥姥」的職業特徵中至少可以析離出三種行為角色：A. 敬神；B. 預言；C. 祛病。A、C兩項職能顯然是為B項服務的，因為在「洗三」的過程中，「吉祥姥姥」口中發出的祝詞幾乎包涵了新生兒將來成長過程的方方面面，包括仕途、婚姻、家庭、性和財運的預測，這些預測由富有閱歷的接生婆藉「洗三」的儀式發出，實際上就正式給新生兒打上了社會的標記，並給其在社會網絡中預支了一個位置。與此同時，「吉祥姥姥」的預言中還帶有極其濃厚的倫理教化的意味，這些語言的表達不但可以營造出濃郁的親情氛圍，而且還起著確立新生兒與親屬之間關係的作用。因為經過「洗三」的孩子再也不是陌生的外來者，而是家庭倫理鏈條中的一環。因此，「吉祥姥姥」的權威性並非完全體現在「接生」技術的嫻熟與經驗方面，而是能夠在新生兒出生後通過儀式為整個家庭營造出祥和安全的氣氛。簡言之，其社會功能大於醫療功能。

和「吉祥姥姥」迎接生命的誕生有所不同，在北京掛牌營業的陰陽先生則是處理生命死亡程序的「禮儀專家」（ritual specialists）。陰陽先生的主要職能是通過某種儀式準確估算出死者屍體出屋的合適時間，以及安葬位置之風水方向的優劣和神秘含義。陰陽先生的核心技術是為喪家開具「殃榜」，作為全部喪事、喪禮時刻、方位、禁忌等方面的指針。【二】所謂「殃」，是指死者三魂七魄的「七魄」而言，又名「煞氣」。按陰陽家的說法，亡人的七魄按一定的時間出來，化為某色氣，向何方向去，謂之「出殃」。根據京城的民間禁忌，「出殃」時人都要避開，謂之「避煞」。一旦被「殃」打了，不死也要大病一場，名為「中惡」。就是花草、樹木如果被「殃」打了也會枯死。陰陽先生的主要技術就是推算「出殃」的時刻和推斷「殃」高多少丈、多少尺，以及該「殃」化為什麼顏色的氣，向哪個方向去。等到「出殃」的時刻、顏色、方向確定完畢，還要推算入殮、破土和「發引」（出殯）的時間，最後還要推測是否會犯「重喪」

【一】常人春：《老北京的風俗》（北京：北京燕山出版社，一九九〇年），頁二二九—二三二。老舍：《正紅旗下》，見舒濟選編：《老舍小說經典》（第四卷）（北京：九洲圖書出版社，一九九五年），頁一三七—一三八。

【二】常人春：《老北京的風俗》，頁二六〇—二六一。李家瑞：《北平風俗類徵》（上海：上海文藝出版社影印本，一九三七年），頁四九八。

（即百日內再死人），及是否犯「火期」（指遺體自行起火）。【一】

在民國初年的北京城裡，殃榜多置於棺蓋之上，或壓於焰食罐子之下，出殯時，經城關驗證後，由挎燒紙筐子的，帶至墳地焚化。郊區至塘沽一帶，卻粘於門前，男左女右，有的做一紙龕，有的貼於蓆頭之上，而且兩邊加飾白紙條。男死紙條下端剪成劍頭形；女死剪成燕尾形，其條數以亡人歲數而定。這樣可以起到向外界報喪的作用。為了「出殃」順利，必須由陰陽先生主持嚴格的淨宅、禳解等空間儀式，例如，根據出殃的方向把窗戶撕開一個洞，以便讓「殃」從這裡出去。郊區有的地方還擺上一碟無餡的餃子，表示死者吃著無滋無味，一氣之下就會棄屋而去。禳解的空間儀式首先是在殃煞佔處貼上五道符，其次是配一副所謂「六精斬退魂魄散」，計有金精石、銀精石、避殃砂、鬼見愁、鬼箭草、安息香等，研為細末，揚撒於死者的住處，據說有「除污淨穢」的效果。

總結而言，陰陽先生主持的「出殃」儀式是一個社會界限與社會關係再生產的過程，在「煞氣」被清出死者房屋之前，始終對活著的人構成潛在的威脅，這時陰陽兩界的邊界並不分明。而經過陰陽先生的空間儀式的控制之後，生者身後淨化過的空間使社區和家庭均重新獲得了安全感，也就是說世俗世界中的陰陽關係被重新加以界定。因此，中國的葬禮儀式集中處理的雖是死後靈魂與現世人類的關係問題，但是複雜煩瑣的空間控制技術對陰陽界限的分割，顯然服務的仍是現實活著的人們，使之不受死者靈魂的威脅。【二】另外，「出殃」儀式的成功舉行，其象徵意義是使死者家庭重新被社區的人們所接納，從而恢復自己正常的生活。換言之，死者家屬與社區的關係通過儀式重新得到了確認。

三、「蘭安生模式」與城市衛生示範區的建立

在二十世紀以前，中國城市中並不存在由國家統一控制的醫療網絡體系。城內行醫講究的是坐堂看診，醫家素來就呈相當分散的個體分佈狀態。直到民國初年，隨著國家建設步驟的加快，把醫療制度收束進國家控制秩序之內的呼聲時有出現。這些輿論認為，從民族生存與國家強盛的角度立論，對個體分散醫療活動進行更為嚴密的控制，應該成為整個國家機構變革的一個組成部分；由於醫療活動關係到整個民族身體的健康，所以對其實施嚴密監控的重要性應不亞於警察對人民生命財產的保護措施。可是在相當長的一段時間內，現代醫療制度的設置卻並沒有從國家行政機構中獨立出來，而是長期從屬於警察部門。即使在某個城市中偶爾出現獨立

【一】常人春：《紅白喜事——舊京婚喪禮俗》（北京：北京燕山出版社，一九九六年），頁二六〇—二六一。

【二】P. Steven Sangren, *History and Magical Power in a Chinese Community*, Stanford University Press, 1987, p. 136.

的衛生機關，也常常以經費不足為藉口被合併於警事機構。【一】如廣州在民國元年（一九一二年）即已設置廣東衛生司，由醫學博士李樹芬主持。工作範圍包括醫生之註冊、傳染病之報告、染疫房舍之消毒、死鼠之掩埋，以及施種牛痘、檢驗瘋人、死亡登記，等等，是全國最早的獨立醫療行政單位。可是時隔不久，經政制改組，警察廳置衛生科替代了衛生司的職責。直到十年以後，警察廳改為市公安局，衛生行政事宜才轉交市衛生局進行綜合管理。【二】其他城市也有類似的情況，因此，衛生行政的具體實施，尚需使衛生機構改變過度依附警察系統的舊例，以構建起自己獨立的督察和治療網絡，實現空間職能的進一步分化。例如，曾任北平衛生局長的黃子方甚至認為：在基層社區也應實現衛生與警事的分化，「各村鎮或各街巷亦應仿警察區署及派出所之例，使遍地均有衛生分事務所之設，以處理其管轄區域內之衛生事務，及附近居民之簡單醫療，應需經費與警察同，由政府完全負擔」。【三】

民國初年，真正把黃子方的構想予以實現的人物是美國公共衛生專家蘭安生。有史以來，醫生的任務就是在病徵出現後進行診斷和治療，直至十九世紀下半期，「預防醫學」的觀念才正式進入人們的視野。一九一四年洛克菲勒基金會派遣數位醫學權威到中國了解情況，並提議將重點移至公共衛生預防領域。新組成的協和醫學院於一九二一年由基金會借聘蘭安生為公共衛生系主任，開始全面主持此項工作。蘭安生對預防醫學在城市空間上的「分配藝術」，有一套十分完整而縝密的構想。他認為，預防醫學的教學實踐應該像教授臨床醫學那樣，有自己特定的教學現場，臨床醫學的教學現場是醫院和門診，在空間結構方面相對較為封閉，在那裡學生可以學習到針對個別病體的治療技術；而預防醫學（或稱公共衛生）的教學現場則應該是一個居民區（或稱社區），要讓學生有機會在一個開放的空間環境裡去了解社區居民的衛生、健康和疾病的情況和問題，應用他們所學習到的醫學知識和技術，從群體角度而不是從個體的角度來解決健康和疾病問題。這樣一個現場稱為「衛生示範區」。【四】

蘭安生教授把他的想法寫成了書面報告，並得到了協和醫學院院長的支持，同時也獲得了京師警察廳的贊同和襄助。一九二五年九月，北京正式成立了「京師警察廳試辦公共衛生事務所」（一九二八年以後改名為「北平市衛生局第一衛生事務所」）。第一衛生事務所（簡稱「一所」）以朝陽門大街為北界，崇文門城牆約一半處為南界，東城根及崇內大街分別為

【一】Alison Dray-Novey, "Spatial Order and Police in Imperial Beijing" , 1993. David Strand, *Rickshaw Beijing: City People and Politics in the 1920s*, University of California Press, 1989.

【二】《廣州衛生行政之檢討》（廣州：廣州市政府衛生局，一九三五年），頁一—三。

【三】黃子方：《中國衛生芻議．弁言》（北京：中央防疫處衛生雜誌特刊號，一九二八年），頁四。胡定安：《胡定安醫事言論集》（南京：中國醫事改進社，一九三六年），頁二一。

【四】Macpherson L. Kerrie, *A Wilderness of Marshes: The Origins of Public Health in Shanghai 1843-1893,* Oxford University Press, 1987, p. 49.

東、西界，屬舊城區中的內一區（即現在的東城區），所址先在內務部街，一九三五年遷至乾麵胡同，管轄人口最初約五萬人，隨著示範區面積的擴大，示範區人口亦隨之增加並穩定在十萬人略多一點；【一】（裘祖源，一九八七，一六四）。一所建立的真正意義在於相當具體地把原有北京城內的行政區域（自然社區）與「醫療社區」二者有效地疊合了起來。因為其醫療佈控的範圍，恰恰就是北京老城自然形成的居民區生活範圍，以後隨即建立的第二、三、四衛生事務所，其醫療監控的空間範圍，也同樣與原有城區佈局相疊合。如一九三四年成立的第三衛生區事務所監控範圍是市警察局內三區管轄區域，面積為二十二點八四平方里，人口平均十五萬一千一百六十九人，至一九三九年又增加約兩萬人。【二】

在「社區疊合」的狀態下，一所監控與服務的對象是整個示範區內的十萬居民，它要解決他們從生到死各個生長時期可能出現的疾病和健康問題。為此，一所開始建立自己的醫療保健網。這個網的網底是基層的地段保健（包括學校衛生和工廠衛生在內），第二層是醫療保健各科門診，第三層是合同醫院（協和醫院或其他醫院等）。衛生示範區建立的一個最大後果就是改變了老城區內人群的日常生活節奏。原來自然社區中的病人可以從個體的角度自由選擇呈個體分佈的醫生，因為傳統中醫都是「坐堂看診」，病人有病徵時方去請大夫診視，「收生姥姥」也是在孕婦即將生育時才去「認門」，病人和家屬完全可以按照自己的生活節奏和規律按堂號選擇分散於城市各個角落中的醫生，時間和空間都可以自由予以支配，孕婦臨盆時甚至可以自行決定由自己或家人接生。可是現代預防醫學的觀念則是在病徵出現以前即對一定的區域時空內部主動進行控制，以避免病症的傳染和蔓延。在這一觀念支配下，醫生不是在某一點位置上接受病人的拜訪，而是主動深入到原有社區中重新安置、規劃和示範一種新的生活節奏。

一九二五年年初建立衛生示範區時，蘭安生在備忘錄裡提到，在中國當時社會經濟和教育那樣落後的情況下，若想單純從宣傳健康來促進健康，或單純提倡預防來實現預防，都是不可能的。因為「自然社區」的居民是不會欣賞和接受的，必須把治療作為載體，用積極和主動的行動把預防和健康傳送給居民，這就是一所設立各科門診的總設想。【三】蘭安生的構想十分符合現代規訓制度的一般原則。【四】從空間上而言，地段保健是按照疾病類型加以分類的，一所衛生示範區劃分為二十個警察派出所地段，每個地段人口約有五千居民，地段和一所各科門診在疾病劃分和救護方面構成聯網系統，這一系統包含三個層次的空間：地段若發現有急性傳染病患

【一】John Z. Bowers, "American Private Aidatits Peak: Peking Union Medical College", in John Z. Bowers and Elizabeth F. Purcell (eds), *Medicine and Society in China*, Josiah Macy Foundation press, NewYork, 1974, pp. 91-99. 何觀清：〈我在協醫及第一衛生事務所的工作經過〉，見《話說老協和》（北京：中國文史出版社，一九八七年），頁一七二—一七三。

【二】何觀清：〈我在協醫及第一衛生事務所的工作經過〉，頁一七二—一七三。

【三】同上。

【四】Michel Foucault, *Discipline and punish: The Birth of the Prison*, Pantheon Books Press, 1975.

者，則立即轉送一所門診進行診斷和治療（第一空間）；如患者需要住院治療，則由一所轉送合同醫院（協和醫院或其他醫院）（第二空間）；如患者不需要住院，則由一所轉回地段，由護士設「家庭病床」進行床邊護理和治療，以及採取必要和可能的隔離和消毒措施（第三空間）。對肺結核及其他慢性病患者，一所亦採取同樣上下聯繫的辦法處理，必要時再轉送合同醫院進一步進行診斷和治療。在這三個空間的循環流動和監控中，病人從家庭的角度進行空間選擇的隨機率便會大大降低。

從時間流程上來看，自然社區的時間節奏是通過地段保健工作中的家庭訪視（由約十名公共衛生護士和若干護士實習生）來加以轉變的。除了假日之外，地段護士每日進行家庭訪視約五至十次。據一所年報統計，一九三六至一九三七年及一九三七至一九三八年的年度家庭訪視總數分別為一萬六千三百次和二萬一千五百三十一次。【二】凡經地段護士訪視過的病人或病家，不僅有訪視記錄，而且一所病案室也有他們的家庭記錄，將家庭每個成員的患病及健康情況按規定的表格記錄下來，每份家庭記錄都有家庭編號和個人編號。

由於預防醫學是要維持和促進人們從生到死各個階段的健康，特別關注婦幼衛生的保健，所以婦嬰家庭診察訪視成為醫療社區工作的中心，比如，一所有四名助產士，專到產家接生，隨叫隨到，收費二至三元。產婦在產前產後的一段時間內，經常被嚴密監控於衛生示範區的訪視時間表之內，如第三衛生區事務所一九三〇年度業務報告中說，訪視日期「約在產後之前三

日，每日訪視一次，次後則每隔一日訪視一次，直至嬰兒臍帶脱落為止」。一九三〇年的訪視次數達到了一萬二千八百一十次。【二】

四、「社區疊合」與生命的「檔案化」

衛生示範區對自然社區的改造，特別突出地反映在對接生婆形象的重新定位上。如前所述，接生婆在傳統社區中的公眾形象並非是一種醫療工具，她需要通過「洗三」等誕生儀式協調不同的社會關係，而接生過程不過是一個公眾儀式的最初組成部分而已。可是在「社區疊合」實現後，新規則首先設定，「吉祥姥姥」在接生的各個環節均不符合現代衛生行政的要求，必須把她納入到一個相當純粹的現代醫學標準尺度中予以衡量，在這個評價體系內，傳統接生婆協調人際關係的文化功能已變得無關緊要。自一九二八年始，北平市衛生局在衛生示範區開辦了接生婆講習所，前後共計十班，正式訓練及格者共一百五十名，後在此基礎上於一九三〇年成立了保嬰事務所。對於已訓練完畢正式開業者，事務所仍持續嚴加監視，如每月每一接生婆

【一】何觀清：〈我在協醫及第一衛生事務所的工作經過〉，頁一七二—一七三。
【二】《北平特別市公署衛生局二十八年度業務報告》（北平：北平特別市公署衛生局編印，一九三〇年），頁三五七。

必須呈交報告，所需之臍帶敷料消毒藥品等，均向事務所購買，由購買之多寡與報告單接生人數相對照，就可察知是否按規接生。【一】

又據《北平市政府衛生保嬰事務所施政輯要》，事務所「每月召集已受訓練之接生婆分別住址，來錢糧胡同本所及西城第二衛生區事務所每月聚會二次，呈交收生報告，並隨時赴各產婆家中檢查接生筐各項接生用品，特定制介紹病人健康檢查單頒給各產婆，遇有孕婦，即介紹持單赴備衛生機關施以產前健康檢查，並由所派員隨時調查，遇有私行執業之產婆，即報告衛生局取締」。【二】在保嬰事務所的辦事機構中，除所長、醫員、事務員和文牘員外，專設有八名助產士，但此八名助產士職責各有區別，特別是一位名叫張淑惠的助產士就兼有監理員的責任，其具體工作是：「每日監視接生婆接生兼晝夜外出協助接生婆難產接生，又每星期五上午召集接生婆訓話」【三】。鑒於一般市民對受過訓練的接生婆表示懷疑，保嬰事務所特擬就「受過訓練的姥姥應當守的規矩」一種刊物，置入接生筐內，以廣散發。

由於保嬰事務所主管的事務分化愈趨細密，所以在一九三五年，保嬰事務所函報北平市衛生局，希望把監視取締產婆的職責下放到更基層的地區，予以分割控制，具體辦法是把對全市產婆的宏觀調控落實到「蘭安生模式」所規劃的醫療社區之中，包括已成立的第一、第二衛生事務所和正在籌建的第三衛生區事務所。由此一來，醫療程序對產婆的控制就進一步被地方化了。其實，在保嬰事務所提出協助要求以前，一所即已主動開始調查和統計內一區內產婆的行蹤。如一所在一九三四年八月在內一區對未訓練產婆所做的一次調查，就包括產婆的住址，所接生之嬰兒姓名、性別及出生日期。這份統計表清楚地顯示出，八月份嬰兒出生總數為二百五十一人，經未訓練產婆所接生人數為十七人，查得未訓練產婆之管理人數為五人。【四】

又以內二區產婆管理為例，內二區屬第二衛生事務所（簡稱「二所」）管轄範圍，至一九三七年，本區共有舊式產婆二十一人，比例佔全市一百零三位產婆約五分之一，是各行政區中人數最多的一區。二所的管理辦法是，將產婆分為二組，每組每月在所內召集會議一次，開會時由助產士擔任主席和指導，由產婆繳納一月來接生報告，並口頭敘述難產意外及處理經過的情形，再由助產士講解接生時應注意的各種事項，並分發已消毒之臍帶布紮及嬰兒滴眼之硝酸銀溶液等藥品。這年計開會共二十四次，到會人數共五百八十六人。【五】二所在從事出生調

【一】《北平特別市公署衛生局二十五年度業務報告》（北平：北平特別市公署衛生局編印，一九二七年），頁六一—六七。

【二】《北平市政府衛生局保嬰事務所活動狀況表》（北京：北京市檔案館衛生局藏檔案，檔號：J5-2-28），頁六一—六七。

【三】同上，頁五七—五八。

【四】《北平市政府衛生處業務報告》（北平：北平市政府衛生局編印，一九三四年），頁六一—六七。

【五】《北平市衛生局第二衛生區事務所第三年度年報》（北平：北平市政府衛生局編印，一九三六年），頁一二四。

查時，於每個接生個案，皆作出嚴密的考核，特別注意調查接生婆曾否攜帶接生筐子、接生前洗手情形以及滴眼藥等，如發現有未遵行者，即將該產婆傳來質詢。

衛生示範區的建立對傳統社區中生死控制方式的最大衝擊，是生命統計調查員網絡的形成。醫療社區與自然社區的疊合，開始改變原有城區內部的時空結構，其中改變所藉助的方式之一就是生命統計規模的日益擴大和完善。因為衛生區採取的是預防為主的控制取向，預防控制的對象是「人群」，是自然區的居民，只有通過生命統計中掌握的相關群體的年齡、性別、職業分佈以及出生、死亡的具體情況，才能更有效地合理安排和配置時空的秩序。北京最早的生命統計在一所成立時即已開始實施，老北京城區內在二十世紀二十年代以前並沒有進行出生統計的專職人員和檔案記錄，出生調查多由公安局戶籍警於調查戶口之際同時調查出生。因居民對出生調查有猜忌心理，懷疑被調查後政府將抽稅或有其他對己不利的情況出現，故多不願主動報告，即間或有報告者，其出生日期也不準確。自衛生示範區建立後，情況發生了很大變化，按照社區疊合後的雙軌運行框架，除保留自然社區中的戶籍警報告出生之職能外，醫療社區亦專門培訓出專職的生命統計調查員進行社區內生死數目的監控。統計調查員的記錄還與衛生事務所助產士、已訓練產婆及各產院的調查相互協調補充，其效率明顯要高於自然社區中戶籍警的工作節奏。當時的北平市衛生處評論一所出生調查時謂其：「對於內一區界內之出生調查，派有專人辦理，故每月所得之出生報告，均較內一區各派出報告者為多，故本處對於內一

區界內之出生調查，均委令第一衛生事務所代為填報，本處接得報告後，仍撕去一聯轉送公安局，以備考查也。」【一】

一所共設有統計調查員四人，按二十個警察區段，每人主管五段。每日除由一人輪流值班調查死亡外，其餘三人每日赴各管之警察區段及產婆處探詢出生情況，各醫院則每星期輪流派遣一人前往抄錄出生人數，得到出生報告後，再由該主管地段之統計調查員前往住戶家中詳細詢問，並按該所出生調查表逐款填寫。一所助產士於接生後及衛生勸導員於家庭訪視時所得出之出生資料亦隨時填報報告以資統計，所得之出生報告再按衛生局出生調查表填寫送局以備編寫生命統計。【二】

在社區實現疊合以後，作為醫療區域代表的統計調查員對自然社區所進行的最為嚴重的滲透，就是對陰陽先生的監控與取代。清代以至民初，官方鑒於民間社會對陰陽先生的崇信，喪葬必請其「開殃」、「禳解」，具有親自驗視死者的條件，故陰陽先生一直作為京城百業之一，被官府特許營業。不過官方和民間對陰陽先生作用的認識是有相當差異的，民間社區視陰陽先生為重新理順死者家屬與社會之人際關係的中介角色，「出殃」儀式是社區道德倫理精神的一

【一】《北平市政府衛生處業務報告》，頁七二。

【二】《北平市政府衛生局二十四年度業務報告》（北平：北平市政府衛生局編印，一九三六年），頁一四三。

種表達；而官方則認為陰陽先生具有檢視鑒定死者死亡原因的能力，具有維持社會秩序的法律功能。死者如係正常死亡，可以給喪家開具殃榜，並將數目定期上報，如係自殺、他殺而死，應立即報告官府，請「仵作」（法醫、驗官）驗屍、鑒定，始可抬埋。這樣就不免要追究當事人的刑事責任。因此，殃榜帶有法律見證的性質，是一紙正常死亡鑒定書。【二】

在陰陽先生被徹底取締以前，由於生命統計員的出現，社區死者辦理喪葬手續與清代的區別，乃是在於實行了雙軌制度。清代居民死亡只需陰陽先生開具「殃榜」，即可領取抬埋執照，可見「殃榜」具有相當權威的法律鑒定作用。衛生示範區建立以後，陰陽先生的職權已縮小到為死者家屬開具死亡原因報告單，家屬持此單至各該管警段，再由警段填一份死亡報告單，同時電告統計調查員親往調查後，始得裝殮。各社區的出殯執照，亦改由各統計調查員填發。故所有死亡之業經報告者，均須經過各統計調查員之手，而不致遺漏。這樣一來，「殃書」作為出城抬埋的憑證功能就自然消失了，只不過陰陽先生尚保留著對死者死亡原因的鑒定權。

在一所的示範作用下，北平市衛生局分別於一九三五年一月和六月舉辦了兩期生命統計調查員訓練班，第一期訓練班，招考初中畢業以上程度學員十名，給予短期訓練，計上課實習各有一個月的時間，所授課程包括「公共衛生」、「衛生法規」、「繪圖」、「生命統計」、「環境衛生」、「細菌學」、「病理學」、「傳染病學」八門，課時共九十六小時。均由衛生局一、三、四科及一所、二所人員講授。實習期間則輪流派往衛生局二、三科及一所，隨同作實地調查工作。至一九三五年一月，上課及實習期滿，經考試及格者，即委託為統計調查員，同時並函商公安局同意，接辦所有內城各區出生死亡調查工作，除內一區一所原有統計調查員四人外，其他各區，每區各派一人（二所原有一人故只派一人），其內二、內三區者分駐各該衛生區事務所，並直接由各該事務所主管人員督促工作。內四、內五、內六三區人員，則暫在公安局各該區署借地辦公。【二】

在內城統計調查員佈置完畢之後，衛生局緊接著於一九三五年六月呈准市政府訓練第二期統計調查員，以備接辦外城各區出生死亡調查事項。此次並未公開招考，所有報名之人，均須由本局或各附屬機關職員負責保薦。因第一期公開招考的結果，所錄取的各員，每多有中途請辭者。此次共錄取二十人，內中有已在內六區工作的稽察警一人，另有一所派來一人及天津市政府派來北平受訓者二人，全部受訓者共二十三人。除課程與第一期相同外，學員實習期間輪流派往第三科實習環境衛生、取締工作及第一、二、三衛生事務所實習出生死亡調查工作。自第二期統計調查員訓練期滿後，即由本局函商公安局同意，於同年九月一日起，由統計調查員接辦外城各區出生死亡調查及核發出殯執照等項工作。其辦公地點如外一、外四兩區在本局各

【一】常人春：《紅白喜事——舊京婚喪禮俗》，頁二三五。

【二】《北平市政府衛生局二十三年度業務報告》（北平：北平市政府衛生局編印，一九三五年），頁二一一—二一二。

該區清潔班，外二、外三、外五區則分駐妓女檢治所、烈性毒品戒除所及市立醫院內。據稱，訓練班的學員在結業半年後，僅出生一項，每月調查即增添三四百人。其監控區域幾乎涵蓋了全城的各個角落，結果是進一步縮小了陰陽先生的控制範圍，至一九三七年五月北平市衛生局正式規定，凡居住於北京內外城區的居民，遇有死亡時，可越過陰陽先生這道舊關口，直接呈報分區派出所，派出所據報後即發給人民死亡呈報單，並面電知衛生局派駐該區統計員前往察看，且憑呈報單發給出殯執照，由此宣告了陰陽先生社區功能的終結。【一】

五、北京的「街道政治」：抗拒與變遷

衛生示範區的建立不但改變了傳統社區內的生活節奏，也使得以生死控制為職業的「吉祥姥姥」和「陰陽先生」的形象發生了徹底的變化。在傳統社區中，接生婆是能夠為新生兒帶來吉祥的受歡迎人物，陰陽先生也是保證死者入土為安的關鍵角色，可是在現代衛生觀念的衡量下，接生婆被定位為肮髒醜陋的不潔形象，陰陽先生則是迷信的象徵，均被列入了取締之列。「產婆」、「陰陽生」的形象日益頻繁地進入了衛生局、社會局的檔案卷宗之中，他們成為各種法律與衛生行政文牘交叉包圍和監控取締的對象。翻開這些案卷，撲面而來的均是監視、訓誡和取締的權力與辯解、乞求及無聲的反抗，這顯然是現代化的進步邏輯反覆塑造的結果。溯其

源頭，這些權力表述和多重的聲音均在現代醫療體系與密如蛛網的街道和胡同的過程中噴湧出來，構成一幅抗拒與變遷交錯演進的「街道政治」圖景。然而如果我們仔細翻閱當時的檔案紀錄，就會發現在現代衛生觀念的支配領域之外，尚有不同的評價聲音存在。【二】下面就是一個突出的例子。

一九三六年，二所助產士朱崇秀報稱，有產婆李吳氏、李國英婆媳二人於二月二十八日為一位叫李孟氏的太太接生，未按規定攜帶接生筐，並私自阻攔產婦住院，又勸其服用成藥，引起腹內陣痛和出血，嬰兒即行死亡。而李吳氏婆媳的供稱卻與朱崇秀並不吻合，李吳氏稱：「產婦所購之藥品，是否服用，亦不知悉，本推辭不允接生，因產婦懇求，決不放其走去，未帶接生筐係有時因路非遙，產婦家有時尚未至分娩時刻，先為探視，預臨產再取接生筐，非敢在接生時不用接生筐。」這段由李吳氏婆媳自己發出的辯護聲音似乎處處與朱崇秀的指控相左，一度使保嬰事務所在決定處罰尺度上有舉棋不定之感，但卻仍做出了扣留執照的決定。不

【一】《北平市政府衛生局二十三年度業務報告》，頁二一—二二。

【二】Gail Hershatter, *Dangerous Pleasures: Prostitution and Modernity in Twentieth-Century Shanghai*, University of California Press, 1997, pp. 3-65. Nicky Leap and Billie Hunter, *The Mid-wife's Tale: An Oral History from Handy-woman to Professional Midwife*, Scarlet Press, 1993, p. 1. Jean Towler and Joan Bramall, *Midwives in History and Society*, Croom Helm Ltd Press, 1986, pp. 177-191.

過李吳氏所陳之情的真確性卻由李孟氏主動具呈擔保的言辭中得到了佐證。【一】

李孟氏在具呈中說：「竊氏茲因懷孕，於二月二十八日自覺腹痛，似有分娩情形，乃急派人赴保嬰事務所請求助產。未幾即有朱張兩先生到舍察看，據云恐有危險，須立赴醫院生產等語，伏思氏素性頑固，未諳新知識，故當時自己堅決主張寧可冒險，不願赴院。朱張兩先生因氏之不可理喻，移時即行辭去。氏籌思至再，終覺仍以老法為宜，因本胡同李吳氏助產有年，頗多經驗，因立刻在請為助，又慮敝處所不認，該李吳氏未必肯來，乃認門俗例，請其速來。不久該李吳氏居然來舍，當時見氏情形，亦云胎氣有損，深恐嬰孩已死腹中。同時朱張兩先生實在無法，只得辭去，並囑李吳氏在此守候。惟李吳氏再三推卻不允，經氏家中人等再三懇留，請其回家，攜來助產筐子等，並將其兒媳李國英帶來相助。再延至本日下午四時，居然生產，嬰兒早已無氣，氏則安全無恙，足見李吳氏經驗手段俱佳，氏一家甚為感激。但李吳氏助產執照，不知保嬰事務所據何理由竟將其執照扣留不發。伏念李吳氏助產出於氏等自願，嬰兒之死乃早死於腹中，亦並非該氏之誤用手術。且該氏一家性命俱賴此生活，該事務所扣留其執照，無異斷絕其生路」。【二】

這是個相信舊法的老北京人的實例。李孟氏主動具呈為自己的接生婆開脫責任，說明產婆用傳統手法接生與嬰兒死亡並無干係，不應負其責任；呈文雖措辭謹慎，盡力用「素性頑固，未諳新知識」等自謙之辭構成敘述基調，但從呈文中所表現出的產婦在助產士勸說下寧死不肯住院及產婆整個接生過程難以找出令人信服的紕漏等若干細節中，反映出助產士與產婦及產婆衝突的激烈程度。在這則案例中，現代衛生管理人員在舊法接生程序中找不到可予以指控的實際證據，產婆因一時未帶接生筐等行為而遭二所督察員呈報，甚至保嬰事務所再派出監督員查清二所報告中描述產婆行為的扭曲不實之處時仍予以取締的決定，均反映出老北京社區空間已被現代醫療的生活網絡所嚴密控制，社區中的北京市民對日常生活的認知邏輯也在被強行予以塑造著。

李孟氏的呈文中特別強調自己的自主選擇在生育過程中的作用，比如，強調李吳氏助產有年，頗多經驗，又突出用「認門」俗例方才請來產婆等措辭，並且強調這是自己頑固守舊的結果，這實際上表現出產婦對傳統接生方式的自覺認同和不得不對現代醫學制度曲意逢迎的複雜的雙重心理。一方面，李孟氏對住於同一胡同產婆的公共形象的認同感是基於長期的社區理念孕育而成的，傳統的公共社區觀念是以親情關係與溫馨氛圍作為存在支點的，衛生示範區的建立通過監控網絡與時空的改變沖刷與破壞著這一支點存在的合理性。但是在社區生活節奏中，生育作為特殊的儀式，並不僅僅是現代醫療技術實現的單一結果，產婦也不僅僅是醫療程序隨

【一】〈李孟氏呈文〉（北京：北京市檔案館藏檔案，檔號：J5-1-98）。

【二】同上。

意處理的對象，生育過程始終需要整個社區中文化習俗系統所產生出的精神力量與儀式氛圍的支持與呵護。按照社區的經驗，當一位產婦從一個她所熟悉的環境被強行轉移到一個非常封閉的現代醫療空間中，由陌生人予以監控時，內心感到恐懼與不安，其實並非有悖常理。據說，法國十八世紀的婦女是如此懼怕產科醫生，她們把產科醫生描繪成屠夫和劊子手，婦女有時寧可死在生育過程中，也不願落入醫生之手。【二】

在北京城區實現「社區疊合」以前，如果北京人遭逢喪事，陰陽先生在檢視死者死因方面具有相當大的權威性，這種權威身份甚至與其「出殃」等主持人身份具有同等的重要性，因為只要陰陽先生出具「殃榜」，一般死者家屬即可領取抬埋執照。然而陰陽先生出具「殃榜」的權限基本限定於正常死亡的範圍，如出現「變死」情況（如自殺、他殺等情狀），則必須由地方檢查廳驗屍後始可抬埋。我們知道，從公眾形象而論，陰陽先生在傳統社區中的核心作用是主持「出殃」等宗教儀式，而開具「殃榜」是這一儀式的結局表現，並兼具官方認可的法律意義。如此雙面的公共形象常使陰陽生出入於「鬼域」與「俗世」之間，既是民間喪儀中重構人際關係的紐帶，又是官場核查「變死」的耳目。然而正是這一雙面形象，使得陰陽先生在民國時期的生存陷入了困境。一方面，陰陽先生作為傳統社區中的重要人物，在檢視死因時，一旦遇到「變死」情況，其處理方式很難越出當地人情世故的圈子，徇隱之事難免間有發生；另一方面，自二十世紀初北京建立起現代警察系統以來，對地方社區的控制與滲透日趨嚴密，據說民國初年北京每一千個居民中有十二個警察，而當時的歐洲主要城市每一千人中只有二至三個警察。【二】在這種情況下，陰陽先生的任何徇私行為都極易被警方偵知而遭訊問和取締。陰陽先生容易捲入警事糾紛的另一類原因是，從傳統醫學角度斷案有時會導致誤診，或不到現場勘驗僅憑死者家屬口述開殃，從而觸犯取締律令。如民國二年（一九一三年）二月，內左四區項福海之子染瘟疫死去，當時請陰陽生張恕堂呈報是因「食積」而死，但警方並未看到原主治醫生的報告。調查結果是，醫生陳同福曾有兩日診治項姓幼孩的瘟症，但不知孩子已經死去。張恕堂填寫「食積」死亡是據項姓所稱，未加詳察。

這一案例中顯然有死者家屬為省去消毒及審核的煩瑣程序而作出虛報的目的。張恕堂有意或無意做了項氏的同謀。

又有多據中醫診斷藥方開殃，而未問死亡時刻前後詳情的案例，如「劉樹勳妻因病吞服煙灰」一案。陰陽生王宇州經友人鮑六代請為劉李氏批寫殃書，在寫殃書之前，曾查有醫生楊納庵藥方，上書係患肝熱之症，王宇州當時察看屍身面目，未發現異常疑點，隨即開給殃書聯單

【一】Mireille Laget, "Childbirth in Seventeenth and Eighteeth-Century France: Obstetrical Practices and Collective Attitudes", in Robert Forster and Orest Ranum(eds), *Medicine and Society in France*, The Johns Hopkins University Press, 1980, p.159.

【二】David Strand, *Rickshaw Beijing: City People and Politics in the 1920s*, pp. 66-81. Sidney Gamble, *Peking: A Social Survey*, New York Press, 1921, p. 119. Alison Dray-Novey, "Spatial Order and Police in Imperial Beijing", p. 911.

等允許死者發喪，經「淨宅」儀式後付費離去，後經內左三區警察署以「濫開聯單」之名扣銷執照。【一】

由於陰陽先生查驗死者的責任與一般「仵作」、法醫及驗屍官有所區別，也可以說僅是整個「出殃」儀式的一個組成部分，關涉的也不僅僅是純粹的法醫或刑律的技術問題，同時要涉及社區之內的人情與人際關係等複雜的綜合問題，所以一旦遇到與陰陽先生相關的刑事糾紛，警廳往往很難做出自認為適當的判決反應。比如，在對待「張榮五擅開殃書」一案時，警方就顯得缺乏憑據而表現得猶豫不定，當時制裁陰陽先生的主要依據是民國二年（一九一三年）八月由京師警察廳頒佈的「取締陰陽生規則」第七條第三款：「有變死或原因不明不得賄賣殃書及濫填所發聯單」。如有違犯，應按「警律第三十八條二款處罰」，可是違警律因違警法頒發而已不適用，而當時的違警法未載有明確規定，如陰陽先生濫填殃書應如何懲罰之處。

「取締陰陽生」規則在民國初年的審核與通過是各種勢力長期爭奪較量的結果，民國三年（一九一四年）京師警察廳司法處即「因陰陽生對於有喪之家往往藉出殃榜以行敲榨，建議衛生處予以取締」。衛生處的答覆是：「查陰陽生一項沿襲已久一時尚難以取消。前由本處訂定取締規則業經通行備區署嚴加管理。」尤可注意者，民國二年（一九一三年）制訂《取締陰陽生規則》時，明確認定陰陽生的職責是一門相傳既久的技術，第一條第六款規定陰陽生需呈報「受業師並受業年限」，可為證明。而且從警方角度而言，也並未把陰陽生行當劃歸為「迷信行為」，而只是在其觸犯律令時才予以懲處。然而在一九二五年北京實現了內城的「社區疊合」之後，衛生管理機構開始加緊徹底取締陰陽生的步驟。與早期警方針對陰陽生偏重於刑事糾查有所不同，北平市衛生機構首先根據現代醫學觀念和標準把陰陽生職業限定為封建迷信的殘餘，屬荒誕不經之列，根本不是什麼技術職業。如衛生局報告中經常出現這樣的斷語：「此項陰陽生毫無醫學常識，倚恃其報告死因，以為施行防疫標準，殊為不妥」；【二】「陰陽生本為迷信時代之遺物」，【三】等等。

二十世紀三十年代初期，有關陰陽生之取締與抗辯的較量進入了第二階段。在這一階段中，北平衛生機構不是從刑律控制的角度，而是以現代醫療觀念為依據，開始進一步限制陰陽生的活動範圍。如北平市衛生處一九三二年初步擬定了一份醫師（西醫）、醫士（中醫）聯合鑒定死亡和徹底取締陰陽生的辦法，函請各醫界團體簽註意見，其目的是用醫生診斷制約陰陽生的「迷信」行為。辦法函達「北平國醫研究會」後，卻當即遭到拒絕，國醫會並以書面形式申述了七條理由。國醫會堅持認為，陰陽生之業乃是一門流傳古老的技術，尚有學理根據，非

【一】北京市檔案館藏檔案，檔號：J181-19。
【二】《北平市政府衛生局二十三年度業務報告》，頁一四。
【三】《北平市政府衛生處業務報告》，頁七五。

一般迷信行為可比。「且營此業者，雖無學說，歷有傳授，例如死傷服毒等情均能證明，確有把握，又如死者掐在某指某紋，即知何時身故，撒手撿拳，分別自死被害等情，歷歷不爽，且開具殃榜，亦其專長，以此沿習既久，歷行無舛，尤能鑒定清晰。」所以陰陽生驗視死者之法「允有特別之技能，實屬哲理之根據，端溯其由來，乃《漢書》所載陰陽家流傳之遺法，既非空言塞責者可比，又與荒謬迷信者不同，此其不可廢者也」。【一】

關於醫生是否應負有鑒定死亡原因的義務，國醫會討論後認為，陰陽生憑多年職業經驗和勘察技術已足以堪當此任，又有司法制度作保障，似無須醫生插手。文中強調：「陰陽生之義務，在鑒定死者是否自然而死，亦因他故而死，陰陽生本其特別之技能，即可立時判斷，負充分之責任，況有原治醫士最後之處方互證其病因，是否病死，抑係毒死，就此而論。又何須原治醫士之鑒定。」國醫會為陰陽生技術施以辯護，明顯不是站在現代醫學的立場上，而是站在傳統社區既有規則的語境裡發言。這其實也是一種自我保護，因為在民國初年醫士的地位明顯低於醫生的地位，亦一度被歸入取締之列。而陰陽生在驗視死者的技術上與傳統中醫的經驗性療法多有契合之處，兩者亦屬北京傳統社區內並行的百業之一，故頗有惺惺相惜的感覺。

例如，在答覆衛生處關於死亡統計手續的問詢時，國醫會就堅持把死亡統計的權力直接交給陰陽生辦理：「遇有死亡時，即飭該陰陽生翔實填報，不得少涉疏忽，一面呈報區署，換領抬埋執照，一面送衛生處第二科備查，似屬不觸不背，尤為無擾無煩，且事實可行，簡而易舉。」【二】這實際無異於是對生命統計調查員之合法性的直接挑戰。

在答辯的最後一款中，國醫會對於衛生部制訂的死因分類表的二十七種死亡原因明顯表現出異議，認為這是按西醫標準所確定，而非中醫觀念所能認可，內稱：「醫師醫士應按照前衛生部暫行死亡分類表二十七種死因鑒定死亡，查中西醫所謂死因，向未一致，且中醫死因非二十七種所能概括。」所以只能適用於醫師而不能適用於醫士。國醫會的抗辯顯然使自己與現代西方醫學劃清了界限，同時也招致了北平市衛生機關的進一步取締行動。一九三三年，內政部將生死統計暫行規則又加以修正，修正之處為死亡證書「僅能由醫師鑒定，而醫士不與焉」。雖然最後由於西醫的抵拒，此條款並未展開實施，但卻在衛生行政意義上正式剝奪了中醫鑒定死亡原因的權利。

衛生行政的督察力量在「社區疊合」之後變得如此強大，以至於已滲透到城區街道的各類細胞組織之中，與原有的法律警事機構分享、分割甚至替代著其空間控制的權力。一九三五年，陰陽生被徹底取締之後，死亡原因鑒定的責任正式落到了生命統計調查員的身上。統計調

【一】《李孟氏呈文》。

【二】《楊如平呈文》（北京：北京市檔案館藏檔案，檔號：J181-21-17428，一九三三年）。

查員不但可以會同區署查驗不涉刑事嫌疑之屍體，負責發給抬埋執照，即使遇有變死或死情可疑者，亦可由統計調查員報告區署核奪，區署得到報告後即派員會同統計調查員前往檢查。因此，生命統計調查員不但完全取代了陰陽生的職責，而且在相當程度上分割了警事督察的權力。

民國初年，生活於法律與醫療行政夾縫地帶的陰陽生在不斷出現的抑制取締聲中，逐漸走向了沒落。在陰陽生徹底被取消的前夕，時人評論云：「現時業陰陽生者多為衰老之流，舊有者死亡相繼，新呈請開業者早已一律不准，故人數日漸減少，不禁自絕。」【一】

陰陽生生存空間的日益狹小，使其作為壟斷傳統喪儀過程中的知識與技術的社區控制與協調者身份逐漸凋零退化，僅僅成為聊以謀生的末流職業。在有關陰陽生的檔案中，有一卷「七政堂」陰陽生家族的集體口供記錄。「七政堂」是內城左四區東直門內大街四十七號的陰陽生掛牌堂號，堂主是楊榮清（號階平）。一九二八年一月，北弓匠營九號住戶唐那氏被爐火燒傷，經醫官診治無效後身死，當地警署在查驗殃書聯單時，發現楊階平所填寫的死亡原因是唐那氏因患痰氣病症病故，並無「燒傷」字樣。經法庭詢問，楊階平供稱是因患病在家裡，唐那氏之子唐長祿招請其開立殃書，因身體虛弱不能前往，就按唐長祿所稱死者係患痰症，在自己家中開立了一紙殃書並填發了聯單。如前所述，陰陽生所主持的儀式包括「出殃」、「禳解」、「淨宅」等複雜的程序，開具「殃書」只是其中複雜儀式的一環而已。如果陰陽生不親臨喪家現場，完整儀式的舉行就無從談起，楊階平在自己家中所開殃榜已註明唐那氏入殮時「暫忌四相龍狗豬羊，一推十二月二十二日丑時出殃，煞高一丈六，東北方化黑氣」，【二】卻無法親自赴死者家中參與「禳解」、「淨宅」等儀式，實際上是自動放棄了傳統陰陽生所具有的在傳統社區空間中協調乃至重構人際關係的壟斷權力。

無獨有偶，同年五月，在位於同一地點的「七政堂」，又發生了楊階平之子楊品賢假冒其父之名擅開殃書的案件。一九二八年五月二十四日，孫玉清喊告東直門內大街門牌二〇二號住戶何定海將其胞姐何孫氏踢傷胎孕，以致小產身死，請求相驗。經過警官訊問，何定海堅稱妻子何孫氏確係小產身死，並無被腳踢之事，並稱業經陰陽生楊階平開立殃書為憑。經地方檢察廳檢察官黃梅榮等檢驗，何孫氏身帶磕碰傷痕，實因服鴉片煙毒致死，查閱陰陽生所開殃書，上填患癆症。而陰陽生楊階平已於一月二十一日病故，檢察官當即派警員將楊階平之子楊品賢傳署，據楊品賢供認：「自其父楊階平故後，未將執照繳銷，現因生計所迫，遂冒用其父七政堂名號繼續營業。在開立何孫氏身死殃書時得銅元十二吊，當時因無經驗，未能看出服毒身死情狀，只據何定海親族所說填寫癆症。」

【一】《北平市政府衛生處業務報告》，頁七二。
【二】《楊如平呈文》。

這樣看來，楊品賢不但不具備陰陽生的專門技術，而且是因貧而貪圖喪家的錢財，故警方呈文稱其「既無陰陽生知識，竟敢冒用伊父楊階平名義，擅自開立殃書」。文中用了「陰陽生知識」一詞，說明警方當時仍承認陰陽生有自身謀生的專門技能，只是從楊階平在家開殃，到其子冒領詐財，都昭示了陰陽行當日趨沒落的圖景。

更為有趣的是，楊階平有一個兄弟名叫楊如平，在齊外朝陽市場開設陰陽生堂號，用的也是「七政堂」的名號。其胞侄楊品達（楊品賢的兄弟）因生計困難，借用楊如平的七政堂的匾額，以及冒用楊如平的名義為劉景康之妻劉彭氏開具殃書時，並未詳細偵詢，僅憑劉景康岳母彭高氏言其患肺癆病而死的一面之詞，即開出死者殃書，因此為警察訪知查處。

楊如平在為胞侄辯護時的一紙陳詞，頗能反映出陰陽生當時的尷尬處境。文中表白說：「民思維再三，坦白無過，茲操斯業三十餘年，學術與經驗不負斯職。吾國文明落後，鬼神之說始終未泯，若認鬼神為烏有，破除迷信，吾國民奚又盡具避鬼敬神之心理。民操斯業，疏不危政治，擾治安，壞風俗也。蓋吾國政治有革，心理未革，破除迷信，固屬建設，然民一不宣傳，且不廣告以招來者，似此類事找民問津，非民隨處行詐術攏財可比語。夫社會之演進，優者勝劣者敗，哲理也。社會不需要之事業，自有天然淘汰，終歸消滅，亦勿庸急積（積極）取締也。」【二】這是七政堂堂主最後的申訴之聲。楊如平雖自信陰陽生技藝堪稱稱職，但其聽任胞侄擅開殃書一事，顯露出堂柱傾頹之勢已不可挽回。儘管他用優勝劣敗的進化語調以攻為守地為陰陽事業辯護有加，並歷數陰陽生對「政治」、「治安」、「風俗」的演化均無窒礙，然而他顯然沒有預計到，「社區疊合」之後的京城已經被醫療衛生的現代之網層層編織了起來。如果說現代警察體系在北京的拓展尚給陰陽生們留下了極其微小但尚可自我辯護的縫隙的話，那麼，區域疊合後重構出的社區空間則真正成了陰陽生職業的墳場。

結論

現代衛生示範區的建立實現了社區疊合的目標之後，首先，要求醫務人員在自然社區內部確立自身的權威性。但是，這種權威性的獲得依靠的並非是自然社區內的傳統資源，如祥和的人際關係，而是專門化的技術手段和國家力量的支持。其次，醫療人員在示範區中所扮演的角色具有「感情中立」（affective-neutrality）的專業特徵，使他不可避免地與地方社區中強調人情關係的傳統醫療網絡發生激烈的衝突。在傳統社區中，接生婆與陰陽先生作為協調人際關係的重要角色，其公共形象與職業認同具有一致性，換言之，他們的職業角色是和生活於其中的人情氛圍——特別是家庭，無法分割地交融在一起的。衛生示範區的建立，使得日常生活中的

【一】北京市檔案館藏檔案（檔號：J181-21，一九二八年）。

生與死變為醫療專門化程序的一部分，其醫療活動大多獨立於家庭空間之外，而這種專門化形式又得到了國家機器強有力的支持。在這種情況下，傳統意義上的生死控制方式自然無法對抗衛生示範區所刻意安排的新的生活節奏，而最終難以逃脫走向沒落的命運。

北京地區「四大門」信仰與「地方感覺」

——兼論京郊「巫」與「醫」的近代角色之爭

一、民間信仰、宇宙觀和「地方感覺」

人類學家雷德菲爾德（Robert Redfield）曾提醒過我們：在研究複雜社會時，應注意鄉民與紳士、農村與城市，以及「小傳統」（Little Tradition）與「大傳統」（Great Tradition）之間的區別與關係。[1]這一二分的框架近年也廣為國內歷史學家所接納，並促成實現了中國社會史研究面向下層歷史的方法論轉型。但總體看來，這種轉型是在現代化論的背景下達成的，大部分研究並沒有避免而是繼承了雷氏的理論缺陷，即均把「小傳統」看作是被動的、缺乏體系的落後因素，而「大傳統」則被看成對之具有支配作用。以往研究者在談及對民間宗教的認識時，往往喜歡從對應於「大傳統」的角度來展開論證，從「大」、「小」的區分類別來看，他們已經在潛意識裡把農民的宗教信仰與思維列為次屬的內容，同時把「大傳統」視為社會演進與生存的主體動力。

可能受到雷德菲爾德這種劃分方法的影響，後來的一些人類學家，如武雅士（Arthur Wolf）和王斯福（Stephan Feuchtwang），基本上都是把民間宗教看作是與一般精英宗教（儒、道、佛等）相歧異的民間信仰，而且不自覺地認為基層信仰一定受到上層宗教意識形態的制約，而如果以「信仰」的標準加以認識，民間宗教觀念顯然屬次屬一級的研究對象，這種思路仍明顯受到「精英文化」中心論的影響。

例如武雅士就認為，神、祖先和鬼的類別表達的是農民對他們的社會世界進行的階級劃分，分別對應於官員、宗族成員和外人，這個類別框架基本上還是以「大傳統」的劃分標準為準繩，來評估民間宗教的性質，而且過多地把民間宗教視為政治社會秩序的對應和表現物。【二】王斯福在《帝國的隱喻》一書中也試圖從政治意識形態的角度探討中國民間宗教，認為漢人的民間宗教，隱含著歷史上帝王統治的影子，但在地方上民間儀式的實踐具有地域性，民間儀式往往與中華帝國時代的政治空間模式有關，但是民間的神與祭儀所表達的是不同的觀念。官方的儀式通過世界觀的儀式化，創造帝國的象徵的政治格局，這種格局成了儀式上的傀儡，操演它的是地域化的社區與民間權力代表人，如道士、士紳和民眾。【三】這一取向雖然強調民間信仰對官方符號的「象徵性抵抗」，但其問題是，有可能仍把民間社區中形成的自發宗教秩序看作是「大傳統」秩序規則制約下的一種表現形式，而沒有其獨立的個性存在方式。

與武雅士和王斯福相比，楊慶坤比較強調民間宗教與官方儀式性宗教的差別，用「制度型

【一】Robert Redfield, *Peasant Society and Culture*, Chicago University Press, 1956.

【二】Arthur P. Wolfed, *Religion and Ritual in Chinese Society*, Stanford Press, 1974, pp. 1-18.

【三】Stephan Feucht Wang, *The Imperial Metaphor: Popular Religion in China*, London and NewYork: Routledge, 1992. 又參見王銘銘：〈神靈、象徵與儀式：民間宗教的文化理解〉，載《象徵與社會——中國民間文化的探討》（天津：天津人民出版社，一九九七年），頁一〇八—一〇九。

宗教」與「分散型宗教」界分兩者，把民間宗教理解為日常秩序中的一個組成部分，而不是硬性地從信仰的角度或從與上層政治秩序或意識形態相關的角度，來界定民間宗教的位置，更易於使之擺脫以精英文化觀照和衡定民間文化價值的圈套。【一】但楊慶坤基本上還是從社會學功能意義上來區別兩種宗教的形態，而沒有真正從民間宗教的內部理解其散播和擁有生命力的歷史原因和緣由，特別是沒有從基層民眾基本的感性結構出發來分析其信仰的基礎。

當代的一些中國學者如王銘銘則認為，基層社會存在著迴異於官方制度的民間權威，而且民間象徵中的權威隱含的不是「帝國的公正」，而是「非官方的公正」，或是「非官方的權威與公正」。【二】王銘銘強調的民間權威未必是帝國上層的隱喻表現，而應該有其獨立的系統和運轉方式，包括支配地方組織和宗教體系的神異性權威的作用，但王銘銘並沒有説明民眾為什麼會信奉這種權威，是否是他的靈異性抑或是政治權力在實際發生作用。

以上學者研究取向的一個共同特徵是，基本上把民間信仰與上層意識形態的支配性聯繫起來加以考察，或者把民間權威結構的形成聚焦於對社區精英人物及其支配作用的分析上，而沒有把注意力投向普通百姓生活史中體現出的感性習俗對其宗教行為產生的影響。【三】這種觀念很可能是受到近代西方啟蒙運動思潮的影響。在西方現代性的思維框架中，「地方」（place）與「空間」（space）有根本性的差異，「地方」往往是與特殊的文化、傳統、習俗等因素聯繫在一起的，而「空間」則被賦予了現代普遍主義的特徵，並暗喻其具有人類普遍特質的表述意義。

這種啟蒙式的表述總是置「空間」於「地方」之上，「空間」成為各種類型的宇宙觀傳播的工具和容器。當今在我們僅僅擁有關於「地方」知識的時候，似乎還必須考慮它和普遍性知識的關係及其可能表述的意義，而且其重要性遠在對「地方性知識」的認識之上。康德就曾經認為：普遍性知識必須超越地方性知識，因為沒有普遍性知識，全部獲取的知識只能是些碎片般的經歷而不是科學。【四】在這種觀念支配下，一些學者往往喜歡把「宇宙觀」等上層階級形成的認知世界的圖式作為了解和評價民眾信仰的參照，而沒有把民眾自身在地方社會中形成的對生活的認知和感覺當作相對獨立的結構來加以看待，這樣就大大削弱了我們對民眾真實生活的認知程度。

關於對民眾感性方式的研究，威廉斯曾提出過一個解釋框架。根據雷蒙．威廉斯

【一】C. K. Yang, *Religion Chinese Society: A Study of Contemporary Social Functions of Religion and Some of Their Historical Factors*, Waveland Press, 1991, pp. 294-240.

【二】王銘銘：〈民間權威、生活史與群體動力——台灣省石碇村的信仰與人生〉，載《鄉土社會的秩序、公正與權威》（北京：中國政法大學出版社，一九九七年），頁一六四。

【三】似乎只有個別人如威勒（Robert Weller）注意到一般民眾對儀式採取的態度與道士和士紳不同。民眾的解釋偏向實用主義；道士偏向意識形態和宇宙觀；士紳多持複雜的理性原則。參見《象徵與社會——中國民間文化的探討》，頁一〇七。

【四】Steven Feld & Keith H. Bassoed, *Sense of Place*, School of American Research Press, 1996, p. 16.

（Raymond Williams）的意思，整個生活中複雜的一般組織，只有全面經由真正的「生活經驗」，才有可能被知道，因為它是一種「感覺結構」，它是「在特殊地點和時間之中，一種生活特質的感覺，一種特殊活動的感覺方法」結合成為「思考和生活的方式」。威廉斯強調：「感覺結構」必須和「世界觀」或「意識形態」有所區別，因它不是限於「形式地擁有的系統信仰」，它還包括了「衝動、限制和基調等表示特徵的元素，特別是意識和關係的情感性元素：它不是與思想相對立的感覺，而是感覺般的思想，思想般的感覺，是一種現存的實質意識」。【一】威廉斯強調的是，民間的感覺不是意識形態的表述或可以用精英思想概括成叫「信仰」的那種東西，而是一種自主性的結構。布迪厄則解釋說，社會空間的構造方式，乃是佔有相似或附近位置的作用者，會被放置在相似的狀況與限制條件下，並因此很可能有相似的習性與利益，從而產生相似的實踐，佔有一位置所需的習性，暗含了對於這個位置的適應。【二】

具體到中國研究中，地方感覺結構不應僅從「帝國的隱喻」或與上層意識溝通的程度這一單面角度加以理解，或僅僅把宗教信仰理解為民間權力的政治表達方式，而是基層民眾日常生活的具體而細膩的感覺。比如陳春聲在描述嶺南地區宗教習俗時，就著眼於普通民眾崇拜中的所謂「份」的感覺，這種感覺既不是官方意識形態所能涵蓋，也不是民間權力的力量所能支配，而僅僅是民眾在日常生活中積累起來的判斷周遭事物邊界的一種方法，對這種細緻入微的感覺形態的把握，可能會更貼近我們對基層民間社會風習狀態的認識。【三】

本文擬從華北民間宗教「四大門」崇奉體系和組織方式入手，首先揭示「四大門」信奉者的崇奉程序如何迥異於上層知識分類所給予的制度性安排，從而避免過多地依附於建立在上層知識類別分析基礎上的民間宗教評價框架，而更多地揭示民眾如何在日常生活的感覺中去理解神祇的效力。其次，儘量從信奉者的主體角度出發，去理解其崇奉的理由與社會秩序之間的張力關係。第三，「四大門」在北京城內和郊區呈現出不同的活動形態，其原因與城區現代化控制的強度有關，也與西方醫療體系的滲透對城鄉影響所採取的不同策略和方式有關，本文將重點辨析城鄉現代制度變革所導致的地方感變化幅度與節奏的不同特點，以便確切估計現代化所造成的城鄉差異在多大程度上影響了「四大門」的生存狀態。

【一】〔美〕艾蘭．普瑞德著、許坤榮譯：〈結構歷程和地方——地方感和感覺結構的形成過程〉，頁八二—九一。

【二】〔法〕布迪厄：〈社會空間與象徵權力〉，頁八二—九一。

【三】陳春聲：〈信仰空間與社區歷史——以樟林之神廟系統為例〉，載《清史研究》一九九九年第二期。

二、「四大門」宗教秩序的非身份化特徵

(一)「四大門」信仰的地域分佈及其功能差異

「四大門」是四種動物的總稱，即狐狸、黃鼠狼、刺猬和長蟲。「四大門」又稱「四大家」，是北京近郊鄉民中很重要的一種信仰。如《順義縣志》中稱民間「黃鼠、刺猬、長蟲（蛇）、狐仙、白兔，隨處皆供奉之」。【一】華北地區民眾也多有信仰狐仙者，如保定地區「唯對狐仙信仰甚深，家家供奉，並敬書『天下財源主，七十二口仙』類似聯語之紙條粘貼之。遇有小疾病，即云鬧老仙」【二】。據説，老北京的一些居民家中都供奉著「狐仙」，除享受主人的煙火食物外，牠們都由城東門的「狐官」管轄。【三】有的學者則認為，「四大門」信仰不只限於北京或華北地區，因為「河北只通稱胡三太爺、黃二太爺，在東北舊小廟裡供養著神位，更有胡萬成、成一、成斗、黃玉禧、成明、柳向恩等名字，分別得很仔細」。【四】周作人把「四大門」看作是在西伯利亞、朝鮮半島等很有勢力的薩滿教的支流。【五】按照鄉民感覺結構加以劃分，「四大門」又可分為「凡俗」與「神聖」兩種。屬凡俗類的「四大門」，在鄉民的眼中與其他動物沒有什麼區別，而屬神聖類別的「四大門」，就會成為人們崇拜的對象。在鄉民感覺區分的視野裡，「四大門」凡俗與神聖分別表現出兩種形態，他們往往作出以下描述以示區分，如：

胡門（胡、狐諧音）：凡俗的狐狸遇到人，便會逃避，跑起路來是亂躥的。神聖的狐狸兩

眼放光，走起路來安然穩步，見人並不逃避。

黃門（黃鼠狼）：一般凡俗的黃鼠狼很怕見人，白天往往隱藏不出。神聖的黃鼠狼眼睛發紅，安然穩步，在路上遇見人便站住，將前爪拱起。

白門（刺猬）：一般凡俗的刺猬灰白色，其他特徵很少。神聖的刺猬兩眼發紅，腹下有一寸餘長的白毛，刺的尖端有豆狀的顆粒，毛色時常改變，看上去本來是白色的，忽然變成灰色，一會又變成黑色，走起路來也是安然穩步。

【一】丁世良、趙放：《中國地方志民俗資料彙編．華北卷》（北京：書目文獻出版社，一九八九年），頁二二。

【二】同上，頁三一五。

【三】《中國文化象徵詞典》（長沙：湖南文藝出版社，一九九〇年），頁一二二——一二三。

【四】周作人：《知堂集外文．〈亦報〉隨筆》（長沙：岳麓書社，一九八八年），頁四八三。

【五】同上。關於「四大門」與「薩滿教」的關係，目前存在著爭論。李慰祖通過對與「四大門」相關的神話和儀式的描述及分析，確認了「四大門」信仰屬「薩滿教」屬性的體系。而一般民俗學界，在涉及「四大門」或類似的民間信仰時，則往往採取了「自然崇拜」中「動物崇拜」的解釋，或將其視為原始宗教及原始時代之信仰的「遺留」。但有的學者認為，「四大門」與「薩滿教」在某些儀式與信仰方面有相似之處，在滿族及達斡爾族等少數民族的薩滿教文化裡，可能滲進了類似「四大門」信仰的一些因素，但「四大門」及相關的民間信仰形態卻有自身的流脈傳承和淵源關係，具有「薩滿教」難以解釋的獨特性。如果把「四大門」信仰理解為在漢人地域社會的民眾生活裡的「民俗宗教」的形態之一，似乎更為恰當。參見周星：《四大門：北方民眾生活裡的幾種靈異動物》（北京：北京大學社會學人類學研究所工作論文，二〇〇〇年）。

柳門（長蟲，又稱常門，長、常諧音）：一般的蛇類不能變化，而神聖的長蟲變化莫測，能大能小，看上去不過三五寸長，筷子粗細，一時之間便能長到兩三丈，有缸口粗細，頭上有「冠子」（凸起物）的往往是神聖的。身上發出金黃色光澤的長蟲更是神聖的表現。此外神聖的長蟲靜止的時候，總是盤作一團，將頭昂起，叫作「打坐」。

京郊鄉民將這四種神聖動物都加上了人的姓氏，如稱狐為「胡門」，稱黃鼠狼為「黃門」，稱刺猬為「白門」，稱長蟲為「柳門」或「常門」，總稱為「胡黃白柳」四大門。「四大門」要想從凡俗躍級到神聖的位置，需要經過一番修煉的功夫。修煉到相當程度，便可以「聚則成形」，「散則成氣」，據當時研究者採擇鄉民觀念後經過加工的描述，其「精氣」即魂經過修煉之後，便可以脫離軀殼進入人體。進入的途徑是從七孔和陰部，進入人體後，這個人就會出現反常的舉動，如哭鬧、胡言亂言及跑跳之類的現象。經過耗損精力，「四大門」就可對其加以控制，民間稱之為「拿法」。「四大門」的精氣進入人體中，就如同氣的運行一樣，經過之處往往會呈現出特色。如果婦女兩腋之下出現突起的塊狀物，顯得非常綿軟，那就是精氣所在，若是將此處弄破，精氣就會立刻消失，該「門」的修煉也就會成為泡影。

當然，「四大門」純用「拿法」的方式，還不能名列仙班，成其正果，因為還沒有積累起功德，所以又有「撒災」的説法。所謂「災」，指的是一些流行病，將「災」（流行病）撒出去之後，「四大門」再依靠香頭的力量來治病，將病治好便算是積了功德了。但撒災有兩個條件：第一，每個家庭中至多有一個人得病；第二，病者未病之前，已經出現了生病的跡象，撤災僅僅是助其生病而已，所以治病可以作為積累功德的方法。【一】

「香頭」在「四大門」的授意下給人看病，可分為兩種情況，一種是所謂的「瞧香」，就是將香點燃後，用眼直看高香火焰，受到仙家靈機指示，可以說出病情，但是仙家並不附體，香頭的頭腦仍可以保持清醒狀態。另一種是「頂香」，在「香頭」將香引著後，仙家下神附在香頭的身體上「借位說話」，當時「香頭」心中感覺糊塗，前一種稱為「明白差」，後一種稱為「糊塗差」。有的地區在「四大門」之外又加了一個「鼠門」，所以也有「五大門」之稱。俞樾曾描寫過天津「香頭」的「頂香」情形，其中說：「天津有所謂姑娘子者，女巫也。鄉間婦女有病，輒使治之。巫至，炷香於爐，口不知何語，遂稱神降其身，是謂頂神。所頂之神，有曰白老太太者，猬也；有曰黃少奶奶者，鼠狼也；有曰胡姑娘者，狐也；又有蛇、鼠二物。津人合而稱之為五家之神。」【二】《清稗類鈔．巫頂神》中也說道：「俄而所頂之神下降，或稱白老太太，或稱黃少奶奶，或謂胡七姑姑，所立名稱，大抵婦女為多，故婦人易被蠱惑。至叩以神為何許人，則曰白者刺猬，黃者鼬鼠，胡者狐狸，更有柳氏者，蛇也，灰氏者，鼠也。京津人呼

【一】李慰祖：《四大門》（北平：燕京大學法學院社會學系學士畢業論文，民國三十年）。

【二】俞樾：《右台仙館筆記》（上海：上海古籍出版社，一九八六年），頁三三六。

為五大家。」【一】

在北京地區，城郊與鄉間的「四大門」崇拜表現形式微有差異。城郊的形式較為多樣，一般會在較熱鬧的地方開壇或直接設在廟裡，或者在家設壇。例如民國年間有一次北城某處開壇，吸引要叩問病情的信士紛紛前來。頂香人焚香叩拜後，端坐龕旁，然後由到壇的人，焚香上供，有病癒前來還願的，便由頂香人勉勵嘉獎幾句，再指示一些養病的方法，意思是做給旁人看，求神是要還願的。有病前來求治，如是內症，當時頂香人就給幾包爐藥（香灰），簡單說幾句病症原因，標準句式不外是什麼「上火下寒，停食著涼」，或「某日衝撞某神，不虔心拜求，便能成為重病」，說完並大聲喝問：「是這樣不是？你仔細想想？」有的大仙特別嘉許，也會另賜幾粒丸藥，得到的病家會面露感激表情，頂香人則會面顯得意之色。丸藥的賜給方式，有的從香案上取付，有的由頂香人祝禱，從香火中抓取，有的從所供佛像袖中蹦出。【二】病人如果得的是外症，如生瘡或是筋骨病，便會被安排留在最後醫治，施治方法有二：一是用熬熱的香油，頂香人用手蘸油，塗抹患處；二是把燒酒點著，用手抓火帶酒，塗揉患處，也有在酒內加花椒、茴香、鹽粒的，有時竟能減輕病情，起到殺菌活血舒筋的作用。還有的頂香巫人，家中並不設壇，只稱頂某仙爺仙姑，到人家裡治病，名為「分壇」，又稱「仙差」，又稱「奉命行道」。有的香壇，並無巫人，只有廟祝，叩問人直接求神，問事只求默祐，問病只求爐藥，如德勝門外的大仙爺平日問事問病的人就不少，朔望燒平安香還願心的也是絡繹不絕。

大規模的香壇，如安定門外的馬神廟三八開壇，有籤有藥，除問病問事還願的人以外，還有不少皈依的信士，手執念珠，按日前往虔拜。【三】

而北京附近鄉間頂香或瞧香的行為則多在家中進行。李景漢在定縣調查發現，大仙降神多在夜間，請仙的人必須把預備好的屋子遮得嚴密，不許點燈。還要在炕桌上供些熟雞蛋和燒酒。等香頭來了後，先要燒香請仙，她坐在炕沿的桌旁，給大仙留著炕裡正座。忽然大叫，說是大仙來了，家人忙叩頭，請大仙飲酒、吃雞蛋，也能聽見吃喝的聲音。然後婦人請問大仙說：「這人得的是什麼病？」於是就聽到大仙似說似唱地答道：「這個人得的是××病。」這樣一問一答持續好久，所有得病的原因、治療方法和幾種簡單的藥品，都說清楚了，那聲音極細弱，好像女子。有時大仙還用一雙毛烘烘的小手，替病人按摩。【四】周作人認為「四大門」的看病方法源於滿人對薩滿教的吸收，祭堂子成為滿人官定的儀式，《清會典》中很威嚴的所謂贊祀女官，實際則是跳神的女巫，俗稱撒麻太太。到了漢人中間叫作瞧香的，是道婆的作風，

【一】徐珂：《清稗類鈔》第十冊（北京：中華書局，一九八六年），頁四五六〇。
【二】金受申：《北京通》（北京：大眾文藝出版社，一九九九年），頁六一三。
【三】同上。
【四】李景漢：《定縣社會概況調查》（北京：中國人民大學出版社，一九八六年影印本），頁三九八。

只是「頂」神說話，不那麼跳了。【一】可見在漢人中間，「瞧香」主要還是一種民間行為。

從「四大門」與香頭的個人關係而言，香頭基本上是各「門」的替身和代言人，而「四大門」的各類靈異動物很少現身。如城郊內頂蛇仙的巫人就往往虛設龕位，並不見蛇仙的本形。而有時蛇仙也會在龕中現出法身，據當時人記載，西城羽教寺所供潭柘寺的二青爺，係用木神龕，前罩玻璃，龕內設小床，床上鋪有黃緞被褥，二青爺即隱身其中，有時從被中露出頭來，四處觀望。龕前香案上除陳列供品外，還羅列許多水瓶，求仙水的人可以自攜空瓶，取走若干。水瓶中的水，由助善人隨時續添。據說二青爺已有幾千年道行，按道理說應不食人間煙火，但夜間仍須由助善人供奉雞卵。普通巫人所供奉蛇仙，也以「大青爺」相稱，頂奉的人，可以附體後降下靈語。有一位巫人素頂蛇仙，據他說，凡有人問事問病，就會不自主地答出，但聲音並不改變，只須隨意答出，即是「仙語」，並須由旁人立即記錄，過後便不能重述。問病的就當時答出藥方，有的因為素習幾個湯頭歌，可以開出皮鬆肉緊的藥方來；有的根本不識字，也能隨口說出藥方來，使人覺得莫名其妙。著名民俗學家金受申曾回憶說，他對門住著一位郭老太太，就是如此作法的，有人請她看病或化病時，必須由她和問病人虔誠跪禱，如仙不下降，即回絕病人不予施治。【二】

從功能意義上說，「四大門」發揮法力的能量是有區別的。比如黃白兩門中，黃門並無大的法力，據說黃門在鄉間，能力只是偷吃偷喝，凡有人家婚喪紅白事、廚房灶上，必有預防黃門作鬧的方法，如切肉的，必用刀在菜墩旁邊，時時虛砍；掌勺的人，必用鐵勺在鍋邊，時時虛敲，原因便是黃鼠狼能隱形偷吃。而鄉間認為白門刺猬就是財神爺，但又不供祀實物，只是對虛設的財神洞叩拜而已。鄉間和城郊不同，只在籬內籬外淨地，建一小房，高及二尺，面寬約三尺，進深約二尺，前有小門，叫「財神洞」，每天晨昏三叩首，早晚一爐香，朔望擺上些簡單的供品，如白酒、雞蛋、花生之類。北京曾有諺語，凡是認為某人吝嗇不肯破鈔的，便說：「不是財神爺，是草刺猬。」或簡單說：「某人是草刺猬。」可見刺猬是財神的象徵。對於「四大門」的行事特徵，金受申曾總結說，除長門時現法身、黃門幺魔小道、白門不登大雅之堂外，都是不言不語，沒有大吹大擂的，這也許是北京之所以為北京罷了。【三】以上粗略敘述「四大門」的成仙類別和頂香過程，可以看出，「四大門」從凡俗向仙班的過渡，與鄉民的身體感覺直接相關，與此同時，鄉民對「四大門」的信奉程度也往往與其對切身問題如疾病的治療密切聯繫在一起，因此，我們理解鄉民的信仰，應首先從「身體」而不是「精神」層面切入加以分析。

【一】周作人：《知堂集外文·〈亦報〉隨筆》，頁四八三。

【二】金受申：《北京通》，頁六一六——六一七。

【三】同上，頁六一六。

（二）家庭壇仙的空間安排與身份制的解構

「四大門」作為民間信仰的一種形式，在華北地區擁有許多信眾，但我們如果深入到其組織和信仰中就會發現，其表現內涵與比較程式化的宗教形式（如道教和佛教）有相當大的區別。它沒有形成精英和系統知識意義上的「宇宙觀」，普通鄉民基本上是靠生活需求所培養和指示出的一種直觀感覺來選擇崇拜對象，其對崇拜對象的分類也屬於一種相當感覺化的分類。比如平郊村鄉民就有意將偶像按照其在生活中有可能發揮的作用進行職能分類，使其各有所司。在家中供娘娘的，在嬰兒降生洗三的那天，必須要燒香擺供，祈禱娘娘祐福嬰兒長生康健；供奉張仙的，大多是因為家中無子，因為民間俗傳張仙是「打出天狗去，引進貴子來」；供奉菩薩的，只是為求保祐家中平安快樂，無災無病，此外沒有特殊的要求。【一】

「四大門」對鄉民生活秩序的影響還表現在各家鄉民對崇奉偶像位置的種種安排上。北京二三十年代郊區農民家中都擺有佛龕，而「四大門」的住所，鄉民要在院中專門蓋上一間小房子，有的造價甚至高於人住的瓦房，一般稱之為「財神樓」。據當時的調查，鄉民對屋內所供奉佛龕的重視程度，與屋中所蓋的財神樓相比，大不相同。調查者看到的佛龕多半是塵垢遍佈，蛛網縱橫，有的農家似乎將佛龕僅僅當作一個陳列日用物品的架子，將許多小孩玩具、手工作品、私人相片等等都放在上面，看上去好像是一個雜貨攤。佛龕前面的桌子更是放雜物的地方，小孩爬到桌上，也不會引起長輩的斥罵。【二】鄉民對財神樓的態度卻完全不一樣，平常人若是走近財神樓，便會引起他們的懷疑，會受到監視，因為鄉民認為接觸財神樓很容易衝撞財神爺，對農家不利。調查人李慰祖當時與一個叫黃則岑的農民已相當熟識，但是每逢李慰祖走近黃氏房子西邊的財神樓的時候，總會受到有意無意的監視。同樣，黃氏在他家財神樓旁栽蔥的時候，李慰祖一邊同他說話一邊觀察他家的財神樓的構造，他便立刻請李慰祖到他家中去坐。他的意思好像是：「並不希望你到屋中去坐，而是希望你離財神遠一點。」京郊農民對財神樓是否堅固也非常在意，每年春季修理房屋的時候，凡是用泥土修的財神樓都要用泥抹一次，以防雨水將其滲透。【三】

從空間安排的角度而言，除財神樓外，鄉民家中所設「香壇」中的塑像可以分成三類，即「佛」、「神」和「仙」。先說佛像。「佛」在鄉民眼中並無精英頭腦中那樣的嚴格分類，其形象包容很廣，按照海淀碓房居六號劉香頭的意見，「佛像」應該包括佛教、道教中所有「神」、「佛」、「菩薩」等等，因為她認為自己所提供的幾位佛的佛法廣大，能夠普度眾生，與普通香頭所供的「神」、「仙」完全不同。劉香頭的「香壇」中，供著三個大佛龕，正中一個是「玉

【一】陳永齡：《平郊村的廟宇宗教》（北平：燕京大學社會學系畢業論文，民國三十年），頁八—九。
【二】李慰祖：《四大門》，頁一三四—一三五。
【三】同上。

皇大帝」，身穿鵝黃色龍袍，頭戴「平天冠」，手持牙笏，三綹黑鬚；右邊龕中供的是觀世音菩薩，手執甘露淨瓶，旁有「善財童子」和「龍女」；左邊龕中供的是「藥王爺」，九樑道巾，鵝黃鶴氅，三綹鬚，手執拂塵。

需要說明的是，劉香頭這樣對塑像的空間安排在鄉民中並不普遍。如在成府曹香頭的香壇中，「佛」的塑像不供在正中而供在兩旁，因為正中所供的「四大門」就地位來講當然不能與「佛」相提並論，但是四大門是該壇「主壇」之神，也就是該壇的開創者，所以要供在正中；「佛」在該壇的位置只屬客座，他們往往在設壇之後方才駕臨，並且不是常住該壇，來去無常，所以只得屈身在下席。來求香的人都向「香壇」上首叩頭，因為「佛」平日很少下壇，還有的佛從不下壇，所以不供在上首。

曹香頭香壇中左壁供有兩個龕，上首是「三清」、「玉清」，都是作道家的裝束；下首供的是一個木質的「彌勒佛」，曹香頭告訴李慰祖說：「這位老神仙請不下來。」在壇右壁龕中供著一張「濟公」的相片，是四寸大小的一張半身相片，頭戴無沿氈帽，瞪目露齒，作微笑貌。【二】

曹香頭顯然沒有按精英知識的要求對佛的尊崇分類加以特殊安排，而是混雜了諸多的偶像，對「佛」及神像的安置不是按照宗教學意義來加以分類的，而是按照「佛」的靈驗程度即是否能請下來進行安排，然後根據「佛」的靈驗與自身具體生活的關聯程度解釋選擇崇拜的對象。從這個意義上說，鄉民對「香壇」設置的空間安排，很難說是一種「帝國的隱喻」或政治秩序觀念的某種表達，而是一種地方感覺結構塑造的結果。

在對神的尊崇態度上，更可以看出鄉民的感覺對選擇崇拜哪類「神」的影響。按照鄉民的觀念，「神」的地位一般比「佛」低，但是在「壇口」上，「神」的力量比「佛」大得多。「神」不但有偉大超自然的法力，而且有力量來命令「四大門」，因為「四大門」是「神」的當差。但在空間安排上，「神」的位置卻未必比「四大門」高，如在曹香頭的「壇口」上，「天仙聖母」（又稱碧霞元君）的龕是在「四大門」的下首，因為這位娘娘不是該壇的主神，儘管碧霞元君在北宋就受到了冊封。【二】京郊各壇口供奉較多的「神」是王奶奶，據當時的調查，王奶奶共有三位。據調查引證，西直門外大柳樹村關香頭下「王奶奶」神的時候，這位王奶奶對自己的出身有段自述：

> 王奶奶不是一個，有東山丫髻山「王奶奶」，有西山天台山「王奶奶」，我是東山王奶奶，原本是京東香河縣後屯村的人，娘家姓汪，西山「王奶奶」跟我是同村的人，娘家

【一】李慰祖：《四大門》，頁一三二——一三三。

【二】趙世瑜：〈國家正祀與民間信仰的互動——以明清京師的「頂與東岳廟為個案」〉，載楊念群主編：《空間．記憶．社會轉型——「新社會史」研究論文精選集》（上海：上海人民出版社，二〇〇一年）。

姓李，我們並不是一個人。天津稱「王奶奶」作「王三奶奶」，現住妙峰山，那又是另外一個人，她並沒有弟子，也並不降神瞧香。我本來是七世為人身，在第八世成了道。在成道的那一世的人身，夫家姓王，娘家姓汪，我們「當家的」（即其丈夫）磨豆腐賣，我們吃豆腐渣，在夏天去野地裡挖刺菜（一種野菜，葉如柳葉狀，一個莖上結一朵花，作淺玫瑰色），放在大缸裡酸起來，就著豆腐渣吃，很是苦楚，現在的「窩窩頭」，那真是「玉宴」了。後來我們當家的死了，剩下我和一個傻兒子，更是困苦！有一年丫髻山蓋鐵瓦殿，我給山上背鐵瓦，每一塊「背錢」（即工資）才「四兒錢」（即四個制錢），背一天，夠個吃飽的就是了，趕到鐵瓦殿蓋好，我進去看看，哪知道我成道的時辰到了，就「坐化」（由肉體坐在殿中成了正果）在殿裡，即是丫髻山鐵瓦殿中坐化的肉體「王奶奶」。【一】

從「王奶奶」的這段自述可看到，王奶奶坐化之前只是出身貧寒的一介平民，後來也不曾受到官府的冊封，也就是說在官方欽定的「神譜」中沒有其身份和位置，這和另外一位「娘娘」——碧霞元君所受到的待遇很不一樣，但卻在普通鄉民中擁有普遍的信仰。「王奶奶」的平民化特徵還表現在下神時要抽「關東煙」。

在槐樹街李香頭的壇口上，專門為「王奶奶」預備了一份煙袋，那煙袋是菠菜綠的翡翠煙嘴，虎皮烏的煙桿，白銅煙鍋，青緞煙荷包，供在龕的旁邊，專等「王奶奶」下神時吸用。「王奶奶」下神吸煙，往往煙不離口，並且要喝小葉茶（較好的香片茶），喝完一碗，跟著又喝，有時喝得很多，有時還要飲酒，但是不用茶品佐酒。王奶奶抽煙喝酒的行為其實使鄉民更易接近「神」所營造的氛圍，使「下神」成為日常生活感覺的一個組成部分，而不是遙不可及的偶像崇拜。

京郊另外一位神是通縣南門外二十八里的李二寺中的主神，名字就叫「李二」。他本是一個挑水夫，後來成了道，後人為他修了一座廟，他的塑像仍然是挑水夫的打扮。

京郊流行的有關王奶奶來歷的傳說卻頗有不同。平郊村的村民認為王奶奶是光緒初年京東三河縣一帶的人，生前十分貧苦，為人傭工度日，至於打的什麼工，卻無人能詳。王奶奶心地善良，時常扶弱濟貧，後來成為香頭，頂四大仙門為人治病，常常是每治必癒，無不靈驗，從此聲名大噪。後來赴妙峰山進香，遇到靈異事情，不久即在妙峰山坐化，成為肉胎仙人，各處爭相塑像供奉。據鄉民看來，王奶奶的法力似乎較四大仙門稍高一籌，因為她是以人的肉身修煉成仙，而四大門則是以動物的形式修煉成仙，所以王奶奶的威力應較四大門為高。【二】這段有關王奶奶來歷的敘述和西直門一帶傳說有所出入，王奶奶本是役使四大門的神人，而後一種傳

【一】李慰祖：《四大門》，頁八一——八六。
【二】陳永齡：〈平郊村的廟宇宗教〉，頁一六——一八。

說卻認定王奶奶曾有一段時間頂四大門看病，是受四大門的驅使，然後才碰到機會坐化，反過來其法力才超過四大門。

當然，這些「神」受到崇信的原因是，他們可以直接驅動「四大門」，幾乎是立竿見影地解決現實中的若干棘手問題，而不像一些官封的「神」如碧霞元君一般在朝頂廟會前後才顯靈，在時間上無法滿足鄉民的即時性需要。

在鄉民的「神譜」中，具有成神資格的必須是人，人由於修善果，或是修煉成道，便轉成了「神」。「四大門」修善果，或是轉煉成道，便成了「仙」。表面上看，「神」與「仙」的價值不可同日而語，「四大門」永遠沒有希望修煉成「神」。一個人生下來，自然就有五百年的道行，所以「四大門」要修煉五百年後才能脫去畜牲之形，成為一個凡人，而且神仙過一年等於世間的十年，「四大門」如要蛻變為人形是很不容易的。

「四大門」雖與「神譜」無緣，但在塑像上卻以人的面目出現，而且也有性別之分。男性的「仙」被尊稱為「老爺子」，每一個香壇中的各位「老爺子」（普通是兩位到五位），塑像時都要合塑在一張紙上，雖然合塑在一起，但他們並不一定同屬「四大門」中的某一門。在成府曹香頭「壇口」上有「白門」五位「老爺子」的塑像，這張塑像分兩部分，下半部分是第一層殿，上首坐定「大老爺子」，穿清代朝服，朝帽朝靴，顏面呈深赭色，面部有皺紋白鬚；下首坐定「二老爺子」，容貌服裝與「大老爺子」相同。上半部分是「第二層殿」，「三老爺子」坐定正中，三綹白鬚；左肩後坐定「四老爺子」，八字黑鬚；右肩後坐定「五老爺子」，年紀很輕，無鬚。在成府剛秉廟李香頭壇口上，五位「白門」老爺子沒有多少區別，來歷卻大不相同。據李香頭說，這張塑像上的五位「老爺子」都不是同門。「大老爺子」是「胡門」（狐狸），「二老爺子」是「柳門（長蟲）」（又稱「常門」），「三老爺子」是「白門」，「四老爺子」是「黃門」（黃鼠狼），「五老爺子」是「灰門」（鼠）。【一】

鄉民信仰塑在紙上的「四大門」是有其現實緣由和自己標準的，他們會主動把紙塑「四大門」與一般的財神紙碼區別開來。平郊村一位侯姓婦女就認為紙繪的財神像毫無用處，僅僅靠一張紙，怎麼可能對人發生作用？可是「四大門」作為財神爺卻因靈驗而得到信仰，同村之中豆腐房掌櫃黃則岑和其妻子就表示，極不信仰紙上所繪的神仙，但是對於「四大門」財神爺卻是絕對地尊崇。「四大門」壇仙在民間受到尊崇最重要的原因不在於它在「神譜」中是否具有多麼高的位置，或是否得到了很高的修行身份，而是取決於它在鄉民的實際生活中起作用的程度，或者說是在多大程度上影響了鄉民的日常生活狀態。「四大門」壇仙的許多神異功能往往直接滿足了這種需要。壇仙職務的分工十分細密，比如老公墳王香頭壇口上的仙家是三位「胡門」的老爺子，大老爺子負責治病，指示農家修財神樓；二老爺子守壇配藥；三老爺子

【一】李慰祖：《四大門》，頁八一——八六。

輕易不下壇，主算卦問事的責任。在倉營村開香頭的壇口上，仙家有更細密的分工。該壇共有一百一十八位老神仙，必要時還可以從別的「壇口」上請其他的仙家，這一百多位仙家各自分任一小部分職務。在治病方面又分出內外兩科，例如治疙瘩的是一位仙家，治眼睛的又是另一位仙家。此外，對於安樓（修財神樓）、指示疑難、求壽等等均有專仙負責。【一】

關於「四大門」與其他偶像崇拜的關係，按一般意義上的宗教社會學的劃分，「四大門」應該屬早期經驗性的不健全和粗糙的形式，它們由隨意的經驗所組成，【二】缺少精英宗教的莊重儀式和身份，因此，人們想像當一些制度性宗教如佛、道等日臻成熟以後，這樣的經驗性宗教自然要屈從於後者的支配。然而事實可能恰恰相反，在一般鄉民的眼中，比較正規廟宇中那些泥胎塑像之所以有顯靈的能力，並不是由於它們自身的神性，而是作為低一級仙家的「四大門」把自己的力量加之於上，藉著泥胎的招牌來顯示神通，或藉著廟神的名義「催趕香火」。按照鄉民的經驗，平常在一個社區中，同時有幾個「關帝廟」，其中只有一個香火興盛，其餘的都無聲無息，據此判斷，興盛的廟宇是四大門藉著「關帝」的名義來催香火。

在調查中，一位鄉民曾經說過，普天之下的「關帝」只有一個，怎麼可能分身住在各個廟裡面，所以求廟中「關帝」泥像當然是無效的；即使「關帝」常住在一個廟內，也絕不會給人治病，當年曹操以金銀相贈，「關帝」還不接受，一般百姓只是草木之人，更不會引起「關帝」的注意了。何況到廟中去的信男信女多半是問病求財、投機企業、求神保護，「關帝」以正直不阿的品格，若能對此類問題發生興趣，豈不是笑話？「關帝」如此，其他天神也是一樣。【三】這段鄉民的樸素表述倒是提出了一些問題，促使我們對以往的一些理論提出質疑。

以往人們普遍引用的武雅士的理論認為，對於中國民間社會而言，神、鬼、祖先三種超自然形象分別是按照官方、陌生人和親屬這三種人群為模式進行塑造的，但就普通鄉民與「四大門」的關係而言，佛、神、仙更主要的是按照其對社區日常生活干預和支配的能力來劃分其重要性的，這又取決於鄉民的地方感覺的判斷。比如在鄉人的眼裡，祖先的地位是最不重要的，在平郊村，「供祖」的現象就極不普遍。據當時的調查，只有于家和楊家兩家舉行過祭祖儀式，而且這兩個祭祖的人家，一個是村中的書香門第，另一個是村中的首戶，其他農家都沒有出現過祭祖的舉動。【四】據韓光遠對平郊村一家姓趙的農戶所進行的調查發現，趙家對於祖先觀念並不重視，自他們搬到平郊村以後的一百四十年間，從未設置過祖先牌位或圖表，平常年節也不給祖先燒香或叩頭。【五】據一種分析，祭祖發生在書香之家，原因是祖先崇拜更接近儒家

【一】李慰祖：《四大門》，頁三四。
【二】〔法〕涂爾幹（Emile Durkheim）著，芮學明等譯：《宗教生活的基本形式》（台北：桂冠圖書公司，一九九二年）。
【三】李慰祖：《四大門》，頁四一—四四。
【四】陳永齡：《平郊村的廟宇宗教》，頁一一。
【五】韓光遠：《平郊村一個農家個案研究》（北平：燕京大學社會學系畢業論文，民國三十年），頁四六。

思想，而普通鄉民更關心日常生活中雨雪風旱等自然條件對他們的切身影響。祖先的作用是保護家庭平安，而從事工商業的人卻更關注財源是否豐盛這種實際問題。在這些方面，四大門比祖先乃至神佛崇拜發生的效力更加直接，人們通常認為很重要的佛像即具有普遍意義的神祇在社區中並不起作用，而僅是在表面意義上與其他社區達成共享信仰的一種符號而已，只有經過「四大門」催火之後才能發生效力。在鄉民的眼中，「四大門」既充滿邪氣，又多有應驗，心裡邊常常表現出又敬又恨的情緒。

據韓光遠的調查，在平郊村趙家的信仰裡，財神爺有兩種：一種是真正的財神，如關公、比干、文仲等；另一種是作祟的財神，就是所謂「四大門」。一次趙家人對韓光遠說：「『四大門』是神裡頭的小人，喜怒無常，不能得罪，得罪了他的，就是好人也得遭殃；不得罪他的，壞人也能發財，咱們最好別惹他們，免得倒黴。」【一】這與「善有善報，惡有惡報」的傳統世俗觀念似有相當距離。在其他地區，也存在類似「四大門」式的仙家，而且雖被視為「邪神」，卻仍被認為是日常生活中必不可少的角色。如山西徐溝縣農村中幾乎家家都祭祀狐仙，祭祀多半在一間空房裡進行，或是在一個僻靜的地方。普通人家都是買一張神影貼在牆上來祭祀，也有用黃表疊一個紙牌位，上面寫上「供奉大仙之牌位」，貼起來供奉的。特別重要的是，狐仙的祭祀是不讓人看見的，一般都是在私下裡進行，「因為狐仙不是一種正當的神，而是涉於邪怪的神，即所謂之淫祀」。【二】

鄉民有關「關帝」的談話更是顛覆了我們原先持有的觀點。一些研究者如杜贊奇（Prasenjit Duara）曾經認為，「關帝」正是從一個小型社區的功能神通過不斷加封成為具有普遍威懾力的「神」，而且官方通過闡釋「關帝」的內涵把儒家忠孝的思想灌注進民間生活。【三】本文對「四大門」信仰的研究則證明，正是「四大門」的神力灌注進了「關帝」偶像之中，才誘發了其顯靈的功能，「四大門」一走，關帝反而無法顯示靈異的威力，「關帝」後來被賦予的儒家特性由於對於鄉民來講並不實用，反而成為其顯靈的障礙，甚至顯得有些迂腐。

被調查的鄉民還提到平西八里莊有一座塔，忽然發生靈驗，城內人前往求藥的絡繹不絕，但是過了一年光景，塔的靈驗便煙消火滅，原來「四大門」已經離開了，所以北平留有一句老話叫：「八里莊的塔，先靈後不靈。」

與人類學家（王斯福、武雅士、劉鐵樑、郭于華、王銘銘）強調民間權威作為官方國家意志和宇宙觀的隱喻表達有所不同，本文認為，官方認同甚至刻意加以利用的符號如「關公」、「佛像」等等，有可能為普通的鄉民所利用，從而逆向性地成為民間塑造「地方感覺結構」的

【一】韓光遠：《平郊村一個農家個案研究》，頁四八。

【二】李有義：《山西徐溝縣農村社會組織》（北平：燕京大學社會學系畢業論文，民國二十五年），頁一五六。

【三】Prasenjit Duara, "Superscribing Symbols: The Myth of Guandi, Chinese God of War", *The Journal of Asian Studies* vol. 47, no. 4, November 1988.

資源。前述各例中，京郊各家的神像及一些公共廟宇中的偶像顯靈與否，都受到「四大門」的驅動和操縱，否則無法發揮顯靈的功用。也就是說，一般意義上的神祉，如在其他地方也應發揮神力的佛道諸神，在京郊區域內也會受地方感覺的支配。按照楊慶坤對「制度性宗教」和「分散性宗教」的劃分標準，作為「分散性宗教」的「四大門」信仰恰恰利用了「制度性宗教」當作自己的門面，如前述香頭壇口上曾同時懸有「三清」（道家）、「彌勒佛」（佛家）之像，這也是普通鄉民的選擇。因此，我們遠遠不能低估具有地方特色的民間信仰在塑造地方意識和感覺方面所起的獨立作用，而不要僅僅把它們理解為官方宗教的表達方式。

（三）廟神的定期崇拜與「四大門」的喧賓奪主現象

北京城郊的村民對於自己所崇拜的廟神的看法，大多受到其功能作用大小的影響，而很少受其在廟中所處位置的影響。比如平郊村延年寺的廟神在村民心中就會按其發生作用和效力的大小進行排列，如下圖所示：

	子孫		藥王	文殊
				關公
觀音	天仙娘娘	真武帝		玄壇
	眼光		彌勒佛	普賢

彌勒佛是大乘之佛，理應位於最高的位置，但因其與村民日常生活不發生密切關係，按此表所示，在村民的眼裡地位僅列第五。文殊、普賢本應與觀音同列，然而村民雖表面上去同拜三位神人，實際上僅奉祀觀音一神而已，所以在廟中文殊與普賢降到了與關公、趙玄壇同列的地步。此外，村民重視各殿正神地位階層的分化，而忽略旁邊侍立諸神也存在地位階層的分化，調查者曾議論說：「所以地位愈下之神其分化亦愈小，甚而至於其功能與歷史亦被湮沒無聞，蓋此等神已失去其應付村民生活中需求的功能了。」【一】

「四大門」的影響無疑經常彌漫滲透在鄉民的四周，對他們的生活產生特殊而又持續的影響。平常祭財神的日期一般都選在每月初一和十五兩日，也有的鄉民為區別於普通民眾公共的拜神日期，往往會選擇每月初二十六兩日祭祀。祭祀時在財神樓前設酒三杯，用火點燃後，焚香一股，然後叩頭，再焚黃表錢糧等物。

靈官	天罡
二郎神	周公
韋陀	雞公
十八羅漢	善才
四大金剛	痘哥
李天王	五方神
山神	痘神
	龍女
	桃花娘
	河魁

【一】陳永齡：〈平郊村的廟宇宗教〉，頁一〇五。

「四大門」在日常生活中的地位遠不止如此，在定期舉行的廟神崇拜中，「四大門」也經常會搶走其他諸神的風頭，而獨享民眾對其的膜拜。甚至那些完全信賴神佛的人，或是那些有半靠神佛半靠人力想法的人，從實際意義上來說大多崇拜「四大門」，崇拜廟神變成了一種表面化的儀式，內容卻是由「四大門」來確定的。比如離平郊村不遠的東楊村七聖神祠，裡面的正神是「關帝」，左右並列著山神、土地和龍王、財神，前面還有青苗神、藥王、王奶奶及關平、周倉等。這個神祠因為沒有廟產，平時都是關著的，僅僅在初一和十五兩日開門。可本村村民來此廟崇拜，卻大多崇拜王奶奶，而很少有拜關帝的，平常也稱呼此廟為「王奶奶廟」，而不是「七聖神祠」或「關帝廟」。由此可見，王奶奶在廟中扮演的是喧賓奪主的角色。平郊村每逢初一和十五，都有一些鄉民前來拜祭王奶奶，如張順的母親在這兩天肯定會來給王奶奶燒香叩頭，這是她許下的願心。因為有一次華北發生大水災，官方命令每村必須出壯丁勞力修堤搶險，經抽籤手續，決定張順前往，但張母只有這麼一個兒子，救災之事非常危險，所以極不放心，很想藉故逃脱差役，可是官差不能拒絕，最後只得忍痛放行。張順離開後，張母就到王奶奶廟跪了兩支香，許願如果王奶奶保祐張順平安返家，日後每逢初一和十五必前來燒香拜廟。以後張順果然安全返回，據他説自己是在晚間趕回家的，半途迷路，正在彷徨之時，忽然前面出現一位穿著藍布衫的老太太，自己便跟著她走，終於走到了自己的家門，可瞬息間，老太太已無影無蹤。【一】

平郊村甚至有逐日給王奶奶燒香叩頭者。村裡人都知道有一位姓詹的婦女每天必來此廟兩次，給王奶奶燒香叩頭，風雨無阻，數年來如一日。之所以這樣做是因為曾有「四大門」在她身上「拿法」，逼她做香頭，搞得她寢食不安，所以最終許下願心，每日早晚來王奶奶廟燒兩次香，表示自己的虔誠。她自己似乎覺得有一種力量，每天都推動自己前去燒香祭拜，回來才覺得心安，因而養成了一種習慣，並不以此為苦，如果因故有所間斷，反而覺得心裡煩躁。【二】

離平郊村約一里地的六眼口村有一個增福庵，它的空間結構是，正殿一間，內分三層台階，主神也是關公，前有彌勒佛，旁邊依次排列著龍王爺、馬王爺、關平、周倉、判官和小鬼，偏台兩旁坐著財神、閻君、青苗神及土地；第二層台階上供有天仙、眼光、子孫三位娘娘；最高一層則是觀音、文殊、普賢三位菩薩，旁邊站著三位羅漢。與此殿西面相連，有一間小屋，裡面供著王奶奶。來庵裡燒香崇拜的人多集中在初一和十五兩天，而王奶奶殿雖偏居一隅，卻比正殿的香火還盛，因為當地鄉民都相信王奶奶能治病，有病的村人大多願意到此崇拜問病。

距平郊村約二里遠的西楊村有一個永安觀，從名字上看應屬道家祭祀場所。第一層殿是關

【一】陳永齡：〈平郊村的廟宇宗教〉，頁一八。

【二】同上，頁一七。

帝殿，供有關帝、周倉、關平、韋陀，兩旁立著的是天官和土地；第二層殿是娘娘殿，供奉天仙、子孫和眼光三位娘娘，眼光娘娘手裡抱著一對眼睛，子孫娘娘手抱一個嬰兒；第三層殿是大佛殿，上面供著釋迦牟尼佛、文殊和普賢兩菩薩，及呂祖、長春真君，兩旁還供奉著當家道士的若干牌位。最值得注意的是，裡面還有一個神龕，供奉著「四大門」的神位。在佛殿中供奉「四大門」神位，而沒有另立空間分別祭祀，可以說是此殿的一個特色，可是這種安排卻與普通鄉民家中對神位的安排方法是相當一致的。

在空間安排上，各種廟神作為法定的信仰系統被膜拜，這只是個表面現象。四大門在神祇系統中處於低位，在神廟的空間安排上也偏處一隅，卻得到大多數村民的崇拜。如果站在村民的立場上觀察，他們認為有的事情「四大門」較廟神更加靈驗，而且更有力量，因為廟神是不大管日常生活中的小事情的，可「四大門」卻能與村民生活中任何一小部分發生密切的關係。「四大門」往往僅是作為一種靈異動物出現而發揮作用的，由於其常常能幻化為人形，而不僅僅是高居廟堂的神像，所以更與民眾的日常感覺與生活行為密切相關。如河北大夫莊就流傳著一個「藍家墳」的故事，說的是北京的郎家胡同，村民們過去常把它叫作「狐仙街」。相傳北京有個「狐仙街」，街上開藥舖行醫的全都是「狐仙」，但都顯出人的模樣。大夫莊曾有一人去了北京的「狐仙街」，結果有人託他捎信給「藍家墳」。這人非常疑惑，心裡想那「藍家墳」不就是村外那處大土疙瘩？捎信給誰呢？那人告訴他，到墳地後，圍繞第一棵楊樹轉三圈拍三下，自會有人來接你。他上前一試，眼前忽然出現了一處莊院，有人出門迎接，並很客氣地請捎信者進院歇息。以後他就常去「藍家墳」串門。大夫莊裡有一個女人，胸口長瘡後十分痛苦，到處治不好，這位捎信人忽然想起他去「藍家墳」的時候，曾看見那裡的牆上有張畫像，畫的是一位姑娘心口上扎著針。女人便向他求情，他答應了下來，一次串門時趁「藍家墳」的人不注意，拔掉了那根針。結果治好了村裡那女人的病。可「藍家墳」的主人說，你把我家一樁婚事給毀了，以後你就不要再來了。從那以後，他再去「藍家墳」，就再也看不見那處莊院了。【一】

這則故事說明，「四大門」的顯靈行為其實就發生在民眾的日常生活之中，而且民眾與之發生關係完全建立在實際效果是否應驗的基礎之上，與神仙的倫理和道德屬性沒有太大的關係。如村民認為廟神總是善良的，他們只幫助人興盛幸福，卻不對人作惡。但是「四大門」可以對人作善，同時也可以對人作惡，且常常自動地找尋人作惡。另外「四大門」也常是喜怒無常，忌諱極多，村民中的崇拜者，其畏懼的心似乎遠勝過敬愛的心，所以許多村民都認為能不與之發生關係最好，因為其對人施加的影響，其善惡常是捉摸不定的。儘管如此，對「四大門」的崇拜仍是大多數鄉民的第一選擇，其原因即在於其有能力直接影響鄉民

【一】參見周星：〈四大門：北方民眾生活裡的幾種靈異動物〉。

的日常感覺和行為。

三、頂香看病的個體化特徵與社會秩序的維繫

「四大門」信仰作為京郊鄉民日常生活的一個組成部分，其值得探究的意義不僅在於使我們能夠破解普通民眾關於超自然力量的想像能力，和對宇宙觀的認識程度，特別是這種認識程度與官方祭祀系統的對應和溝通的程度，更在於我們可以從中了解中國基層社會的內在秩序和運行法則。【二】「四大門」作為低於佛、神的幻化成人形的仙班動物，卻在普通鄉民的日常生活中發生著決定性的影響，其並不像廟宇或社區公奉的神靈那樣具有鮮明的儀式化的外貌特徵（普通鄉民也通過儀式化的程序或大型的祭祀活動形成自己的認同和崇拜意識），而是以相當分散的個體存在形式，對鄉民的生活產生著實際的影響。以往我們認為，對「佛」、「神」一級靈異對象的崇拜及其背後的權力運作關係，對鄉民的日常意識干預最大，不過從對「四大門」的研究觀察，我注意到，呈個體分佈的「香頭」雖然在社區政治秩序中並非處於頂峰位置，但卻在社區日常實踐中更加直接地塑造著鄉民的地方感覺結構。

「香頭」在社區主要有兩項功能，即治療疾病和協調社區糾紛。我們注意到，治療疾病不是一種單獨的行為，而是整體社區事務的一個組成部分，因為治療技術的高低往往和「香主」

的個人能力無關，而是取決於其「壇口」神力的大小，而各個壇口「老爺子」的神力較量，左右著鄉人對一些事務的判斷，構成了地方感覺的氛圍。據調查者說，「香頭」自己承認不懂醫術，並且毫無治病的能力，「香頭」在不下神的時候，和普通人相比並無多少積極的力量。「香壇」的藥品之所以能治病，是因為有仙家的力量起作用。老公墳王香頭就曾說：「咱們哪裡懂醫道呀！這全都是『大老爺子』的靈驗！」王香頭說她自己當的差是「糊塗差」，每逢下神的時候，凡事不由自己。當她下神打第一個呵欠的時候，心裡明白，口中還能自由說話；打第二個呵欠的時候，心裡明白，但是口中不能說話，當時手中雖然燒著香，也是身不由己；打第三個呵欠的時候，不但口中不能說話，而且心中糊塗了，以後為人治病如「按摩」、「行針」、「扎針」等等，完全不受自己意志的支配。比如為病人「按摩」時，手放的位置不對，就感到有一種力量把她的手推向病人的患處。【二】

普通鄉民對「爐藥」與「香灰」的信任度也是頗不一樣的。人們更相信爐藥具有治病的效能，對於「爐藥」有信心的人並不承認佛堂、家祠中的香灰，甚至自己買來的一般香燒成的灰會有同樣的功能，雖然人們往往會預先想像比仙家高一級的神廟中的香灰應有更大的治病效

【一】鄭振滿、陳春聲：〈國家意識與民間文化的傳承〉，載《開放時代》二〇〇一年十月號，頁六三。

【二】李慰祖：《四大門》，頁八三—八四。

力。這說明，鄉民可能在更貼近自己生活的空間中營造感覺氛圍和心理認同，這種感覺不必一定要與官方或更高一級的神祇相接通。至於「爐藥」中的藥品，在本質上鄉民認為儘管是些「吃不好人也吃不壞人」，於生理上無甚作用的東西，但是經過仙家的意旨，也就發生了效力。剛秉廟的李香頭說，爐藥之所以能治病，是因為老神仙夜間時常左右手各托一盤靈丹到壇上放在爐中；她又說爐藥放在水碗中沉底，香灰放在水碗中則浮漂。

「香頭」治病有以下幾種形式：服藥、敷藥、扎神針、扎火針、按摩、畫符、吞符、收油等。如「扎神針」的過程是這樣的：有一位鄉民請求藍旗汪香頭治病，香頭下神之後，說病者心中好像有一個東西橫在那裡，必須要「扎針」，便伸出右手中指在燃著的香火上繞圈子，同時讓病者坐在椅子上，香頭用中指扎他的「人中」鼻下、口上，再用中指在火上畫幾個圈子，然後用力扎他的腹部，此後再扎他的背部十幾下、腿部幾下，再抓起病人的手來，扎他的腚部，又用手指掐病者的十個指甲。汪香頭的丈夫告訴調查者說，「扎神針」的時候，病者就感覺到真像有針扎了進去一樣。【二】

又如「畫符」：平郊村一位姓張的女子，一次夏天在瓜棚下衝撞了「常爺」，不久周身腫痛，便請香頭醫治。香頭用筆蘸墨在病者疼痛的地方畫符寫字、施行法術後，苦痛稍稍緩解；次日早晨又在她的身上畫符寫字，並沒有服藥，不久病體痊癒。

「吞符」：平郊村一位叫于念昭的村民三妹，一次得病，請香頭到家中治病，此香頭用一塊白布，上畫靈符，放在火上燒了，布並不變形，呈現出黑色，上面畫的符呈現的是紅色，壓成了灰，用水沖服，病體痊癒。另一種治病的形式「收油」，據于念昭的母親介紹，其辦法是將香油盛在勺中放在火上，等到香油沸騰了，「香頭」用手蘸著熱油塗在病者患處，便可痊癒。【二】

「香頭」所用藥品除「爐藥」外均屬比較常見的中草藥或果品。例如王香頭診斷病人的病情為四肢無力、頭暈眼黑、不思飲食、夜不能眠，心裡如同橫著一塊東西。他開的藥方除有三小包爐藥，分三次服下外，還包括乾荷梗三節（各長約三寸），松塔（松實硬殼）三個，鴨梨三斤，薄荷葉一撮，草根一個，素砂二分錢，豆蔻二分錢，檳榔片十一片，花椒粒十七個，藕節七個，燈草、竹葉各少許。【三】

藍旗汪香頭診病時用藥，除「爐藥」三小包外，用茶葉和薑作引子，並且用四樣「發表」（發散的藥材）即韭菜、蕎麥、白薯、海帶共同煎服，連「根」（渣滓）一同服下，分三次服，回家後立刻服一次，晚上服一次，第二天早上服一次，如果覺得口渴，可用「山裡紅」（紅果）

【一】李慰祖：《四大門》，頁九五—九六。

【二】同上。

【三】同上。

沏水作飲料。上面開列的藥品有些並非屬藥材，經過仙家的作用，再與各種藥材搭配就可產生奇效。【一】一個香頭曾對調查者說，「爐藥」在各個病人嘗起來，滋味並不相同，即使是一個尋常的橘子，如果經過仙家的作用，便可嘗出酸、甜、苦、辣、鹹各種不同的味道來。比如剛秉廟李香頭壇口上的爐藥，味道一向是非常苦的，據她同調查者說，「香頭」在下神時所說的藥品，正是仙家的意旨，「當香差的」在退神後完全不知。當「香頭」說藥品時，如果聽不清楚可以發問，並可以用筆將藥名抄錄下來；如果事後發問，「香頭」便會表示不知道，而且「香頭」並不歡迎瞧病的人對於他的藥品的本質加以詳細的詢問。【二】

可見香頭依靠仙家的力量方能獲得治療的權威，同時，人們也確實不把「香頭」看作真正意義上的醫生，而是把「香頭」治療疾病看作是其協調社區事務的一個組成部分而已。

哈佛大學的凱博文（A. Kleinman）教授通過對台灣疾病人群的考察，認為中國文化構建的氛圍對病痛和患病角色的行為會產生極大影響。他認為中國病人在看病時，極易將焦慮情緒及情感型病症的精神障礙身體化（somatization）。也就是說，病人往往羞於表述病症的精神障礙方面，而往往用身體症狀的描述取而代之，這與中國文化賤視精神疾病的文化傳統有關。【三】這裡邊當然有文化因素制約的原因，但另一方面，這也與在一個社區中，鄉民把精神疾病自覺歸屬於非醫療的神的治療範疇有關係。因為在他們看來，精神疾病是無從表述的，無法像西方的懺悔機制沿襲下來的傳統那樣，準確地表述自己精神的非正常狀態。而對精神問題的解決不是作為嚴格意義上的疾病予以治療，而是作為社會秩序的不穩定因素交由神靈處理。

例如郭于華在陝西調查時，當問及村裡人有病怎麼辦、什麼時候求神、什麼時候看醫生時，靈官廟的會長嚴肅地說：「這腦子裡要有個區別了，什麼病人治，什麼病神治，要有判斷了。比如肚子裡有瘤，就得上醫院治，像前幾天××胃穿孔，就得上醫院開刀，但是有的病，比如身子發軟，不能動，吃不下，做夢，又說不出什麼原因，去醫院查不出病，就得讓神治。總之腦子裡要有數了，『邪病』靠神，『正病』還得靠國家醫院。」【四】郭于華的調查昭示，病人對看病方式的選擇不僅是一種文化塑造，而且也是一種有意識的功能區分性的選擇，比如關於「除祟」的說法。當一個家庭成員被「四大門」「拿法」或鬼魂附身時，病人會作出哭笑囈語等反常的舉動，鄉間稱之為「祟惑」。「祟惑」對當事人的影響不僅表現在心理與生理上的

【一】李慰祖：《四大門》，頁九五—九九。

【二】同上。

【三】A. Kleinman: "The Cultural Construction of Iuness Experience and Behavior: Affects and symptoms in Chinese Culture", in Arthur Kleinman, University of California (eds.): *Patients and Healers in the Context of Culture*, chap. 4, 1980, pp. 119-145.

【四】郭于華：〈民間社會與儀式國家：一種權力實踐的解釋——陝北驥村的儀式與社會變遷研究〉，載郭于華主編《儀式與社會變遷》（北京：社會科學出版社，二〇〇〇年），頁三四七。

紊亂，而且也會破壞家庭的穩定秩序和社區間人與人的關係，這也就規定了香頭的任務不僅是紓解患者的病痛，而且要平定眾人騷亂不安的情緒。下面是一個除祟的例子：

于念昭的長兄之子振雄與念昭長嫂的娘家內侄劉鑒幼時同學，振雄得病夭亡，被認為鬼魂附在了劉鑒身上，劉鑒立刻全身發痛，在炕上翻滾，于家便請平郊村東南石板房某香頭診治。某香頭到來便登炕用手按摩病者，按摩的地方便不覺疼痛，最後按到頭部，便問道：「你走不走？」鬼魂附在劉鑒身體上說：「我走。」香頭又問：「你是要吃的，要穿的，還是要錢？」鬼魂說：「我要一千塊錢。」香頭說：「給你錢，你不許再來，我把你帶到山裡去，你要是再來，我把你治死，你必得要起個誓！」鬼魂堅持不肯起誓，只是說：「我要是再來，我是小狗！」香頭認為不滿意，便向鬼魂說：「你說若是再來，天打雷劈！」鬼魂堅持不肯起此重誓，香頭逼之再三，鬼魂無奈只得起誓。劉鑒自此病體痊癒，過了三天，于家還香，送香頭點心致謝，並帶冥間鈔票一千元，交給香頭與振雄焚化。【一】

焦慮情緒的釋放不完全是個人的問題，而且有可能成為處理日常事務，使之趨於合理化的一種表達方式。下面一個例子就反映出了這種情況。剛秉廟的李香頭說她的壇口的南面不遠，有一個張姓女子，年已三十五歲，還沒有出閣，她的「家神」總「拿法」她，時常獨自一人整夜坐在炕上，自言自語或哭或笑，她的「家神」時常同她說，因為她未曾出閣身體潔淨，要讓她「當香差」。她常向李香頭哭訴說，未出閣的姑娘當香差太難看。李香頭壇上的老神仙便指示她，若是急速出閣便無事。恰巧有人央媒求婚，報男人年齡四十一歲，說話時李香頭正在張家，「三姑姑」便下神說：「你不用瞞著了，『小人兒』（新郎的俗稱）今年四十一歲。」媒人請「三姑姑」查一下黃曆，「三姑姑」說：「查黃曆做什麼？他今年四十一歲，屬狗的。」「姑姑的話完全對，媒人不敢再隱瞞。但是張家將男造八字合婚結果是『下等婚』（即不吉利的婚配），女方便不願做親，於是謝絕此媒人。當日晚上家神又拿法此女，次日女家急忙將媒人找回，表示應允婚事，如今已結婚作為續弦。【二】張姓女子的焦慮解除過程實際上是一種婚姻關係的締訂的表象，這裡面不排除有藉精神狀態的失常達到社會秩序（婚姻）重組的內在目的性運作。

香頭對「收驚」方式的壟斷也反映出同樣的問題。一些家庭運用自己的方式叫魂，如挑著小孩衣服叫他的名字，在「香頭」看來是無效的，因為「收驚」的力量需通過降神的程序才能獲得。在這裡應對凱博文的描述提出質疑，因為在民初調查者中，鄉民的自述可能並不迴避對精神狀態的描述，而不拘於身體感受的描述。如于念生的太太就說，常覺自己魂出體外到各處遊蕩，遇到有飲食的地方就停下來享受，時常吃鮮果飲酒，完全與真情景相同。這表明鄉民能自覺區分「看病」與「看神」，「看神」完全可以清晰描述自己非正常的精神狀態。凱博文收

【一】李慰祖：《四大門》，頁一一二。

【二】同上。

集到的證據，如母親說兒子記憶力差，注意力不集中，在學校成績不佳，導致多夢與胃潰瘍出血，可能更多地受到了現代西方醫學暗示性影響，而不是一種文化現象的表現。

「香頭」在解決社區實際問題和調停是非曲直方面也會發生作用。例如剛秉廟李香頭壇口上曾遇到過一個事情，燕京牛乳廠有一個工人丟失了數十元，他的六個同伴隨同工頭到李香主「壇口」上明心表示清白，請老神仙指出誰是偷錢的人。老神仙下壇後，這六個人依次各燒一股香，其中五個人燒的香火焰都很旺，唯獨只有其中一個人的香總也引不著，後來竟然冒出了黑煙，這個人馬上面容變色，滿頭流汗。工頭便向老神仙說：「您也不用說了，我也明白了。」原來此人將錢偷到手後完全賭輸，手中已毫無存留，結果工頭只好替此人將錢歸還原主。【一】

老公墳的王香頭談到一對夫婦生下一個兒子，父親因他的兒子是個斜眼，又是屬虎的，認為不祥，於是想讓妻子把兒子拋棄，妻子不肯，他一怒之下離家不歸。他的親戚彭文彬是王香頭的信奉者，便代向王香頭的壇口上求香，王香頭便說此人不久就要回來，果然這位父親不久就回來了，卻仍不愛這個小孩。彭氏便將此人領到壇上，王香頭降神把此人斥罵了一頓，令他不得如此，這位父親終於有所悔悟，回家以後夫妻和美如初，而且也喜歡上了自己的孩子。【二】這個例子說明，「香頭」在社區道德倫理秩序中具有一定的支配力量，但是這種支配力量是相當弱化的，而且並非主動介入的結果。如前述幫助查找東西的剛秉廟李香頭壇口就說，老神仙最不願意替人家找回失落的東西，所以「四大門」信仰下的「香頭」網絡並非是一種嚴密地主動支配鄉間生活的權力系統，但通過自己是否靈驗的能力支配著鄉民處理日常事務時的選擇意向，隨機性、即時性的色彩較濃。

上述的研究已經證明，京郊鄉民的「地方感覺」在相當程度上與「四大門」信仰所發揮的作用有相當緊密的聯繫，與此同時，「四大門」信仰及其相關組織並非作為一種具有高度支配力量的權力網絡而存在，其實際控制鄉民情感的能力往往取決於其發揮效果的能力。按鄉民自己的理解，「香頭」無法長期控制社會生活的一個原因是，香頭本身並無法力，法力是仙家藉著香頭的身體來施展的。仙家行道為的是催香火，自己得道，得道後便要離開香頭而去，香頭便不靈了。所以在鄉民中有一種說法，認為初開香壇的香頭最靈，因為最開始，仙家為了使香壇興旺，多受香火，會格外賣勁地施展法力，造成壇口上的信譽；過了三五年，仙家受足香火，到了自己隱遁潛修的時節，就會離開『壇口』，該壇就不會顯靈了。北京一些地區就有所謂「催香火的廟」，廟的靈驗時間一般也就是三年左右，如民國三年（一九一四年）至民國五年（一九一六年）間，二閘西三塊板地方，忽然出現了「大仙施聖水」的說法，吸引了大批人前往禱求。此地在通惠河南岸，起初只是一個小龍王廟，香火催起來以後，便背河面池，造起

【一】李慰祖：《四大門》，頁一〇五。
【二】同上，頁一一四。

人龍王堂來。香火繁盛致使小販雲集，便門二閘間，以至東直朝陽便門間的河船，做了幾年繁盛的買賣。【一】還有一種説法是，婦女當「香頭」在前三年比較靈驗，三年過後便靈性衰減。原因是香頭剛當香差時，不敢存有貪私的邪念，處處以服務大仙為宗旨，所以香火日見興旺；然而長此以往，香頭禁不住誘惑，漸生貪念，時時算計收到多少香錢，反而忽略了當香差的真正意義，所以大仙不再扶助這些香頭。【二】

不過據當時的調查分析，從來沒有一個香頭對人表示過其壇口上的仙家要走或已經走了，自己無法再當「香頭」了。海淀碓房居劉香頭對人説，她已經當了三十九年「香差」，海淀張香頭當了三十二年的「香差」。據李慰祖的分析，有兩點原因：

第一，有的香頭聲明他頂的不是「四大門」，而是天神，例如碓房居劉香頭説她頂的是「玉皇大帝」、「觀世音菩薩」、「藥王爺」，這種天神的法力是永久不滅的，所以香壇可以長久下去。

第二，在一個壇上「立壇」（即創設本壇的）仙家可以他去，但是「串壇口」的（客座的仙家）和後來的仙家可以完成新舊交替，維持香火不斷，但「客串」的仙家顯然不如一個新「開爐」的壇口香火興旺。也就是説，「香火」是否興旺仍取決於仙家施法的效力，這一點決定了鄉人信奉的對象不是不可以改變的，【三】同時也決定著某個香頭在社區事務中是否具有持久的影響力。

四、「四大門」與草澤鈴醫：傳統鄉村醫生角色的模糊性

（一）鄉村中存在大量「儒醫」嗎？

如前所述，「地方感覺」的構造與「四大門」發生效力的程度密切相關，與此相聯繫，「地方感覺」的構造同樣與「四大門」這樣的所謂「巫醫」與其他類型的傳統醫生以什麼樣的身份參與社區事務有關。因為「四大門」的主要職責是頂香看病，那麼，其與基層社會中以診病為職業的醫生階層到底是什麼關係呢？「四大門」之間是否也有分工和相互滲透的關係呢？這就涉及如何評價醫生在傳統社會中的作用問題。一般醫療史的研究方法基本上是把中國傳統醫學定位為一門技術來加以考察的，特別值得注意的是中醫與西醫在診病和用藥等專門化過程中的歷史差異性。這就是人們常說的所謂「內部研究」，有人甚至評價說，如果把大陸的醫學史研

【一】金受申：《北京通》，頁六一三——六一四。
【二】陳永齡：〈平郊村的廟宇宗教〉，頁二七。
【三】李慰祖：《四大門》，頁一一八。

究劃歸史學研究的範疇，倒還不如將之視為「中醫學」的一部分，要來得更恰當些。【一】近幾年逐漸興起的社會史和文化史研究，開始關注中國醫學與周邊社會文化的互動關係，即存在著一種所謂「外部研究」的轉向。【二】儘管這種轉向在大陸史學界所表現出的成效是極其微小的。

例如有的學者把「尚醫」一事當作北宋以降「士人文化」的一個組成部分加以看待。如陳元朋就致力於北宋「士人習醫」與「儒醫」流變的分析，特別注意醫生身份轉變所依靠的歷史文化氛圍。這種文化史取向表面上走出了「內部研究」的藩籬，實際上仍是「精英研究」的翻版。這個翻版來自於民初謝利恆的判斷，他說：「自唐以前，醫者多守專門受授之學，其人皆今草澤鈴醫之流。……自宋以後，醫乃一變為士大夫之業，非儒醫不足見重於世。所謂『草澤鈴醫』者，其格日卑，其技益日劣。蓋此輩大都不通文義，罕能著書，僅恃師授，無復發明。」【三】這段話暗示宋以後儒醫當道，似乎也能全面控制鄉村社會生活了。

陳元朋基本上是沿著這一思路來觀察宋以後中醫之流變的。這裡面至少有兩點需要辨析，其一，草澤鈴醫向儒醫的演變，只是從精英視角對傳統醫生身份進行內部觀察的結果，這一身份變化沒有經過民眾評價的檢驗。特別是歷史上到底是草澤鈴醫還是儒醫起著主導作用，並沒有得到驗證。其二，沒有對草澤鈴醫向儒醫身份的轉變所發生的區域和範圍作出界定，特別是這種現象到底對基層社會生活有多大意義，沒有得到證明，所以這種轉換的研究，對理解基層社會的普通民眾對醫療行為的態度很難說具有實質性幫助。如果只是通過論證兩宋時期「尚醫士人」與「儒醫」人數的大量增加，得出中國社會在醫療知識系統和醫療實踐的選擇上更趨於「理性化」，這多少是出於一己之想像。這一思路基本上是把醫生對傳統醫學典籍的熟悉程度作為確立醫生身份的唯一標準，從而梳理出一個精英化醫生發展的譜系，進而把這個標準直接挪用到基層社會醫療狀況的評價之中，由此想像中國的普通鄉民似乎也會自覺摒棄傳統民間固有的生活準則，僅僅從職業化、專門化的標準來選擇醫生。

實際情況往往是，在民間社會中，即使醫生有自成一體的傳承網絡，其作用也必須服從於基層民眾的整體需要，這種需要不僅單單表現為一種對某種醫療技術的需要，而且更多受到文化背景和地方感覺的制約。比如僅就醫療空間而言，治療環境是否符合人情世故的標準，可能

【一】陳元朋：〈兩宋的「尚醫士人」和「儒醫」——兼論其在金元的流變〉，載《台灣大學文史叢刊》（一九九七年），頁七。相關的研究成果還有金仕起：〈古代醫者的角色——兼論其身份與地位〉，載《新史學》第六卷第六期，一九九五年三月。

【二】參見杜正勝：〈作為社會史的醫療史——並介紹「疾病、醫療與文化」研討小組的成果〉，載《新史學》第六卷第一期，頁一一三—一五一。我個人認為，杜正勝雖然把「醫療史」當作「文化史」來研究，例如涉及身體與醫療相關聯的文化意義，醫家的族群和學術歸類及疾病反映的大眾心態等方面，但其主導取向仍集中在精英和上層人士對醫療技術的認識和運用上，而基本沒有考察醫療對普通民眾的作用過程和傳統習俗與制度對醫療過程的影響。即尚未充分涉及「醫療史」的「社會」面相。

【三】謝利恒：《中國醫學源流論》（台北：台北古亭書屋，一九七〇年影印初版），轉引自陳元朋書，頁二四。

比醫療技術的好壞顯得更加重要，尤其是治療過程中誰來參與這種環境，也比純醫療技術的因素更重要。所以民間醫生往往是一身多任的，他常常與巫者、社區領袖等種種身份混而不分，治病只是社區事務的一個組成部分，而不是可以和社區事務相分離的專門化活動。張仲禮曾指出，所謂「儒醫」往往與其紳士的身份有關，一般並非專門化的醫生，「有些紳士掛牌行醫，這不需經政府考試或獲得資格證書。當然也有一批醫生是普通百姓。有紳士身份的醫生通常稱自己為儒醫，以區別於普通醫生，而普通醫生中有些是巫醫」。【一】也就是說，紳士是成為一名儒醫的必備條件，是獲得社會聲望的身份前提。【二】張仲禮估計，生活在十九世紀的紳士們靠行醫獲得的總收入不會太多，這是因為行醫的紳士人數有限。方志的資料顯示，行醫的紳士只佔紳士總數的百分之一至百分之二，換句話說，即他們總共只有一萬五千至三萬人，也即每個州縣僅有十至二十人。【三】而且他們往往集中於一些文化發達的富庶地區。如乾隆年間（一七六五年），蘇州遭傳染病侵襲，地方官趙酉佈施醫藥並集中派遣二十五位名醫在圓妙觀設局治療病人，據說許多人被救。這種措施顯然並非任何地區尤其是農村地區都能做到。【四】

當然，晚清以來，棄儒從醫者的人數亦不少，此類醫生俗稱「看書郎中」。為充實自己的實際經驗，有的起初試著診病，潛心觀察；有的中途參師進行臨床實習，最後一舉成為名醫。特別是科舉廢除以後，讀書人紛紛習醫，如民國時期湖南安化著名儒醫李自成先讀醫書數載，深得《內經》要旨，然後再行臨床。地方志中說他工於望診，望色而定人死生，故有「竹神仙」

之稱。【五】另有些地區對中醫有所謂名醫、儒醫、時醫的劃分。醫理通達，技術精湛，醫有成就，深孚眾望，名重一時者為「名醫」；博覽醫籍，自學有成，醫技嫻熟，治療效佳，名傳一時者為「儒醫」；參讀醫書，問學他人而得技，遇時疫或某些疾病，應時而獲某些成效，為人們所認者為「時醫」。【六】

不過按當時廣大農村醫療的實際情況考察，以中醫為業者的行醫方式顯得更為多樣和複雜。大致可以歸納為以下數種：

開舖行醫：以此行醫者多為家傳世醫，或出自名師門下，醫技高明，資本較為雄厚，醫藥兼營；或以行醫治病為主，附帶售藥。如湖北松滋縣楊林市官橋「任太源藥店」，從一八六四年開始，先後經歷任國川、任朝兵、任力征、任正嗣四輩，開舖上百年，行醫售藥，擁有資本

【一】張仲禮著，費成康等譯：《中國紳士的收入》（上海：上海社會科學院出版社，二〇〇一年），頁一〇九—一一〇。

【二】周榮德：《中國社會的階層與流動——一個社區中士紳身份的研究》（上海：學林出版社，二〇〇〇年），頁一七八—一八一。

【三】張仲禮著，費成康等譯：《中國紳士的收入》，頁一一三—一一四。

【四】Yuan-Ling Chao, *Medicine and Society in Late Imperial China: A Study of Physicians in Suzhou, 1600-1850*. Ph. D. dissertation, Department of History, University of California Press, 1995, p. 202.

【五】湖南省安化縣衛生局編：《安化縣衛生志》，一九八九年八月。

【六】湖南保靖縣衛生局編：《保靖縣醫藥衛生志》，一九八三年十月。

兩千餘塊光洋，每天收入十至二十塊。【一】又如廣西岑溪縣樟木街四代世醫葉麗生，清末就開設廣福堂藥舖等等。【二】

坐堂行醫：多是博得藥店主信任，有一定聲望的名醫，或是店主為了招攬生意，邀請自己親戚或好友中的良醫來坐堂看病，以達到互利的目的。他們受聘於藥店後，能獲得全部診金，藥店老闆從藥費中抽取適當報酬給醫生。

擺攤醫：多為草藥醫或擅長治療跌打、雜症的民間中草藥醫生，一般流動於縣城內或比鄰集市，或趁農閒或重大節日，鄉民趕集之際，在鬧市區擺攤看病售藥（如膏、丹、丸、散和各種草藥）。也有外來遊醫藥販途經集鎮，擺攤售藥，或治跌打損傷，或治婦科雜病。如民國十七年（一九二八年）曾獲國民黨武術比賽全國第三名的梁芳伍，曾到廣西岑溪縣及廣東比鄰圩鎮擺攤看病，醫治跌打骨科，並售賣自製的膏、丹、丸、散等。

走方醫者：又稱「遊醫」，常年走村串戶，以出診為主。醫學水平較低，但在一定地區內頗有名聲，以服務態度好見長。以使用草藥為主，故又名「草醫」。有的還經年遊走他鄉，有其一技之長。湖北松滋縣南一帶還有一批「走方」醫生，每年擇期「整酒」，或張貼廣告於集市要道；或發送請柬於往日顧主；屆時聚會一堂，擺以宴席。凡來參加酒會者，必送一份禮金。以後治病，醫生隨接隨到，病家可免交診金。

習武行醫：本出身武林，或有武術愛好，以治療骨科和外科見長。如松滋縣世居老城的彭楚才，子承父業，習醫練武，在陳店設立武館兼習醫業，頗有名聲。

還有一些在家看病者，多為病者上門求診，這類醫生有的是儒醫，有的是半路出家，習醫濟人，自學成才。如岑溪樟木街，原來是小學教師的陳協堯在民國期間因其家人患鼠疫死亡三人，便棄教發憤學醫。梨木鄉大旺村盧相南始從武術後因連年鼠疫流行，便決心棄武從醫，頗有聲譽。

如果從某個地區抽樣簡單統計，就可對農村地區醫生的分佈情況有個基本了解。如以松滋縣為例，在民國初中期的一段時間，即一九一一至一九三六年，全縣中醫人數是八十六人，而草醫人數亦有七十人，數字非常接近。【三】又以湖南道縣為例，從清末到民國三十八年（一九四九年）的不完全統計，全縣先後共有民間中醫二百零四人，草醫九十四人，民族醫十五人，巫醫四十五人，各類醫生的分佈也比較平均。【四】再以湖南沅陵縣為例，沅陵縣有各類中草醫藥人員三百一十六人，其中中醫二百二十一人，草醫五十七人，中藥人員三十八人；而這些人中屬半農半醫身份的就有八十五人，行醫之外兼有其他職業的有二十人，這些人合起來

【一】湖北松滋縣衛生局編：《松滋縣衛生志》（一九一一—一九八五），一九八五年。
【二】廣西岑溪縣衛生局編印：《岑溪縣衛生志》，一九九〇年。
【三】湖北松滋縣衛生局編：《松滋縣衛生志》（一九一一—一九八五），一九八五年。
【四】《道縣衛生志》（合肥：黃山書社），一九九二年。

佔了相當大的比例。【一】也就是說，在廣大農村地區，儒醫的作用不可能佔主導地位，而兼有多樣身份的草澤鈴醫應據更重要的位置。

李濤曾經指出，儘管隋唐時代，「醫」與「藥」兩種職業已開始獨立，但直至民國時期，北京附近兼任醫藥兩業的人到處可見，就北京市內而言，天橋、隆福寺、護國寺、白塔寺、土地廟以及朝陽市場等處平民會集場所，仍然可見這類江湖醫生。只天橋一地，這類藥攤就在五十處以上。其中最著名的有專賣立止牙疼散的瑞馨堂和眼藥亮光明，還有蟲子王、癬藥劉、瘊子王等等。【二】《燕市積弊》中有一段對江湖醫生的描述，其中說，這些人門戶兒雖然不一，性質卻是一樣，有拿著串鈴兒下街的，有扮成兵勇的樣兒出賣的，有印點子傳名單兒滿市井撒散的，有在名第廁尿池粘貼報子的，有坐舖出攤帶賣鋼的（就是連批帶講），有拿把戲場圓年兒的，甚至有以刀刺腿挑光子的（就是賣那點兒血），什麼百步止嗽，什麼吃了就好，以及春方兒打胎，長陽、種子、瞧香看病，總名都叫老合（生意）。【三】這段描述中值得注意的是，作者把瞧香看病當作是江湖醫術的一種，這比較貼近普通百姓對醫生的看法。在他們的眼裡，醫生的角色僅與治病技術好壞直接相關，而不存在現代意義上的專門化分類，所以我們必須把醫生理解為社區活動的一個組成分子而不是專業人員，至少他的專門醫生的身份是相當模糊的，這樣才能更好地理解某項治療活動的社會意義。

（二）一個「巫」、「醫」不分的地方案例

以下我們將通過剖析清代京郊發生的一起控告案件，來透視醫生在鄉間的模糊角色和作用。據道光年間軍機處上諭檔記載，隸籍大興縣的鄉間醫生傅添楠行醫度日，早年隨從東安門外瑪噶拉廟內已故馬喇嘛學習「唵嘛呢叭咪吽」符咒，醫治瘋迷病症，多有痊癒，曾到處遊歷京郊各州縣，行醫治病。道光十年（一八三〇年）冬天，傅添楠前往海子西紅門村行醫，與該處鄉民李二、賈青雲及附近茶棚庵僧常修先後認識。十一年（一八三一年）十二月間，常修認識的一位叫郭大的村民患有「痰症」，醫治未能痊癒，病情漸漸沉重，常修轉薦傅添楠診視。傅添楠見郭大病情垂危，不肯下藥。郭大之弟郭七懇求傅氏死馬當活馬醫，傅氏無奈應允，他用朱砂畫成「唵嘛呢叭咪吽」符張，並念此六字咒語，將符燒化，調入水中給郭大飲服，仍未痊癒，郭大終於因病身死。後來傅添楠又到茶棚庵內，恰遇李二代常修化緣，聊天中傅添楠知道李二素吃常齋，懷疑他是會匪，所以假意拜他為師，遭到拒絕；又因為賈青雲曾患眼病，請

【一】沅陵縣衛生局編：《沅陵衛生志》，一九八九年六月。

【二】李濤：〈北平醫藥風俗今昔談〉，載《中華醫史學會五週年紀念特刊》（民國三十年十二月中華醫史學會發行），頁一二四。

【三】同上，頁一二四。

傅氏醫治，見他家有兩本《藥王經》，懷疑是紅陽教會眾，告到了步軍統領衙門。【一】傅氏控告的另一位人物李幗梁曾用針灸治病，後想賺錢，所以捏稱自己能夠畫符治病，遇到病人，他就用香頭在黃紙上畫上數行黑道，燒化放入水中，給病人喝服，收取診費。傅添楠因為在該村行醫，聞知此事後，把李幗梁告到了衙門。【二】

傅添楠控告的又一個對象是昌平州酸棗嶺村人張寶慶，又名張二。張二原先是以趕車謀生，道光九年（一八二九年）因生活貧困，打算跪香治病，於是編造了「天羅神，地羅神，散碎雜鬼靠一邊」的咒語，每當看病時，就在佛像前燒香，念誦咒語，默祝病好。有一天張二到該村吉興寺後，見塔上盤著一條白蛇，就想出一個主意，向人聲稱白龍附體，並私下買了冰片、朱砂，合成藥末，說是由白龍噓氣結成，給人治病，村人均稱他為張道童。這年七月間，張二在該村吉興寺削髮為僧，但仍在外跪香治病，該寺的住持林五和尚怕被連累，隨即遷出。張二向村人募化錢文，修蓋廟內房屋，恰逢傅添楠到該村行醫，張二請其將出錢人姓名寫成匾額懸掛，旋即被指控，經順天府拿獲，奏送到部。【三】

傅添楠的控告案有兩點值得推敲，一是傅添楠的身份在官方案卷裡是「醫生」，而且他是以醫生的身份多次控告地方上的異端治病行為，似乎與他們有所區別。實際上傅添楠本身行醫也往往以畫符治病作為主要手段，也就是說，傅氏的醫生角色和身份在社區裡是十分模糊的，很難從純粹意義上來定位傅氏，而這恰恰可能是中國基層社會民眾所能接受的一種形式。我們因此不能純粹基於現代醫療的專業化眼光來評價其行為。

二是官府對醫療行為的界定也是模糊的，往往分不清醫療行動與民間信仰之間的區別和關係，而是採取了一種整體性的認知態度。比如張二一案，官方認為他捏稱白龍附體，跪香治病「均難保無拜師傳徒及另有為匪不法情事」，【四】官方圍繞著某個行為是否威脅社會秩序的安全考慮問題，不會區別醫療行為與民間信仰之間到底有什麼不同，觀察焦點和注意力集中在是否與會黨有直接或間接的關係這個方面。雖然事後證明傅氏的控告大多不能成立，但是我們從官方對整個案件的處理中還是能夠領悟出，鄉村醫生與專門化醫生（包括儒醫）的確有所不同，他們在與鄉村社會中民間信仰相互滲透過程中所能起到的作用，很可能是更加主導性的。

上面的例子說明，即使在官方眼中已明確具有醫生身份的傅添楠這類遊醫，在民間也往往採取看上去不怎麼「專業化」的方法進行治療，如畫符治療等，這些手法很難讓持儒醫標準的人接受，但這些散落在民間的非專門化的醫生可能恰恰是普通民眾所依靠的主要治療力量。正由於他們使用的治療手法和所遵循的醫療準則和經驗往往有別於正統儒醫，所以被排除在一般

【一】中國第一歷史檔案館藏軍機處上諭檔，道光十二年二月三十日，直隸／紅陽教／敬空會。
【二】同上，直隸／紅陽教。
【三】同上。
【四】同上。

研究者的視野之外，同時也被誤認為不是鄉間治療的主流。根據二十世紀四十年代所作調查，華北農村中有很多類似傅添楠這樣的遊醫，採用各種各樣的偏方和治療技術醫治病人，這些方法往往是不登大雅之堂的。如有以下幾種治療方法：（1）針灸術：針術就是用細長的鋼針扎穴道治病，灸術就是用艾葉與薑混合在一起治病。（2）治眼術：用去穀粒後的穀梗磨眼皮使出血，以達到治療目的。（3）治翻法：翻症是中國曆書上所載各種疾病的通稱，種類很多，治法不同。（4）挑羊毛疔：羊毛疔是鄉人對急性霍亂的俗稱，方法是用針挑患者前胸部八針眼、後背部七針眼，直到發現白絲狀物，即所謂羊毛，將它割斷為止。（5）其他常見的治療法還有「正骨科」和「按摩術」等。華北的某些村莊中還流行所謂南蠻人治病法：有些拉小駱駝的江南人到各村中給人算命治病，調查者曾記錄下了一些偏方治病的方法：（1）起黃法：用黃表紙、香，加上中藥治病，所治之病為黃病，從病者身上起出黃色麵粉狀物。（2）治喉法：用鍋煙、白礬與香油混合，再用中指蘸取伸入患者喉部治療喉病。（3）鑄油科：將香油與花椒放在勺內煮沸，用中指蘸取，抹在患處。（4）砍離砂：當患有寒腿等類似病症，即將許多球狀物用火燒熱後，裝入一個袋子中去溫暖患處。【一】

五、「巫」與「醫」的現代之爭：一個鄉村醫生的生活史

（一）「四大門」與中西醫的效力之爭

由以上論述得知，傳統中國的醫生角色在相當長一段時間內與卜筮星相等職業並沒有嚴格的界線區別，在民間社會中，醫生與巫者雖在醫治理念和技術上有所不同，但都是針對身體出現異常狀況後所可能採取的治療選擇之一。兩宋以後，儒家倫理雖然廣泛滲透進了醫學界，「儒醫」作為一種專門稱呼亦逐漸為一般人，特別是一些精英人士所認可，但在廣大農村地區，醫生的專門化程度還是相當低的，如《燕市積弊》中所說，民國時期的醫家，往往「只要念過一部湯頭歌兒，半本兒藥性賦，就稱國手（如『八珍四物參蘇飲，白虎柴胡建中湯』之類），不過是腰痛加杜仲，腿疼加中膝，頭疼加白芷，疾盛瓜蔞皮。假如這個病人，渾身作燒，骨節疼痛，舌苔又黃，眼睛發怒，拿筆就開羌活、葛根、牛蒡子；要是皮膚枯瘦，乾嗽無痰，盜汗自汗，胃口不開，一定是青蒿、鱉甲、地骨皮。婦人調經養榮，小兒清熱化痞，真正的拿手，就叫矇事大吉。不信一個病人請十位先生，脈案準是十樣兒，往往真能大差離格兒」。【二】

【一】馬樹茂：《一個鄉村的醫生》（北平：燕京大學畢業論文，民國三十八年六月），頁四一——五〇。

【二】李濤：《北平醫藥風俗今昔談》，頁一二五。

民國以後，中央政府規定，中醫經過考試才能開業，而且要學習解剖學和傳染病學等西醫科目，衛生署規定中醫稱「醫士」，西醫稱「醫師」。這種劃分顯然有歧視中醫的意思。【一】如昆明中醫考試的題目幾乎都是以西醫科學的面目出現，如有病理學、藥理學、方劑學、診斷學、內科學、外科學、兒科學、婦科學、喉科學、眼科學、花柳科學、傷科學、按摩科學及針灸科學等等。【二】毋庸置疑，中央政府對治療系統的專門化區分，曾經對中國城市傳統醫學體系的改造起了相當重要的支配性影響。由於這種政策的推行具有強制性特徵，它有可能改變普通民眾在需要治療時的選擇取向和動機。但在廣大的農村地區，這種來自上層的控制行為到底在多大程度上能夠左右鄉民的選擇意向，是有很大疑問的。下面我們就通過民國時期一個鄉村醫生的生活史，來觀察鄉民對醫生種類的選擇及其意義。

我們所選擇的研究個案醫生徐志明生活在北京西郊海淀鎮北的前八家村，當時分佈在京郊的許多村莊在二十世紀三四十年代仍沒有多少中醫，西醫更是難見蹤影，例如在前八家村附近，巫醫人數就比西中醫要多，因為中醫是在民國十年（一九二一年）以後才出現的，巫醫的地位明顯高於中醫。這在華北地區似乎是個相當普遍的現象，如民國二十四年（一九三五年）張家口地區的《陽原縣志》曾記載說，到當年，縣境內還沒有西醫，「中醫亦不能遍村皆有，然覽百戶以上之村，類有一人」。【三】民國十四年（一九二五年），縣政府曾舉行了一次中醫考試，但從記載的效果來看，似乎不太理想，所以縣志上說：「未曾考而為人所信仰者，亦不禁其診視。富者得病，率皆延醫診治；貧者往往聽其自痊自死，終身未曾服藥者，約佔三分之二。近年赤貧者，往往衣食皆無，更難求醫療疾矣。婦女有病，亦有捨醫求巫者，痊則信其靈，死則由其命。」【四】許多地方鄉人有病先請香頭去治，不得已時才請中醫，最後才請西醫。例如前八家村十六號住戶福德海妻子死前病勢很輕，請來神州廟香頭，讓病人吃仙藥，結果病勢轉重，於是請來本村中醫袁子賡與西醫徐志明，但為時已晚，結果死去。

因此，治療效力的大小在普通鄉民的選擇中，往往是佔第一位的，「仙爺」的影響力大多表現在很多人往往把一些事情發生的緣起與其支配力相聯繫。如前八家村三號住戶歐德山，兒媳歐沙氏在民國三十八年（一九四九年）二月二十一日下午自殺，村人對死亡原因議論紛紛，有人稱得罪了仙爺，因為歐姓門前有一棵人樹，樹中住著一條「神蛇」，就是「常爺」。歐德山見蛇有時甚長，有時很短，一次，將蛇從樹中挑出，扔到遠處去，結果，蛇又回來了；另一次，將蛇繫上繩，以利於辨別，帶到遠處去，在帶走之人回來之前，家人發現蛇已回來。後來，歐德山將蛇又挑走，把大樹砍斷燒毀，蛇終於不見了。可是不久歐德山就得了病，他兒媳

【一】《北平特別市衛生局管理醫士（中醫）暫行規則》，J181 全宗二一目錄二九三一三卷。
【二】車溢湘：《昆明市健康及衛生之調查》（昆明：西南聯大社會學系畢業論文，民國二十九年），頁二九。
【三】丁世良、趙放：《中國地方志民俗資料彙編．華北卷》，頁一八九。
【四】同上。

自殺，也推斷為是得罪了「神蛇」的緣故。在歐沙氏死後三天，歐德山也因病而死。一次，李永和太太說：「前幾天歐家死了兩口，起初歐家兒媳，在死前兩天晚上，到清華大學找她男人去，走到河邊上，忽然掉到河裡去，過了兩天，就用殺豬刀自殺了，她公公也跟著死了。你說這是怎樣回事？準是得罪了仙爺。」【一】

因此，中西醫要與「四大門」展開競爭，首先就要在效力上做文章，這方面西醫並非無所作為，但其影響往往是在「香頭」無法施展效力的情況下發生的。如民國三十四年（一九四五年）至三十五年（一九四六年）間，本地發生急性症，有數人用西藥治療，發生效力，當時許多人對西醫西藥的治療效果感到驚訝，到處傳播，無形中作了口頭宣傳。同年又出現了腦膜炎症，中醫法治療，最後由徐志明治好後，附近中醫有時得病不能醫治，也請志明去治，有時中醫甚至給徐志明介紹病人，因為知道徐志明可能專長某項治療方法。

另有一位中醫，是徐志明的親戚，名叫關月樵，住在前八家村北面的北窩村。關月樵的女兒三歲染上重病，關自己不能治，將徐志明請去。徐志明到關家，看見已有兩位中醫在小孩身旁坐著，小孩已經氣息奄奄，兩位中醫皆束手無策。徐志明抱定死馬當活馬醫的勇氣，先打強心針，後用補藥針，守夜至天明，孩子的病勢果然好轉。兩位中醫非常佩服徐志明的醫術。此後，關月樵使其子跟徐氏學西醫，同時給徐志明介紹病人，由於關家是富戶，所以又借給徐氏一大批款項，讓徐志明添置設備，購買藥品。【二】

在京郊鄉村，香頭之所以得到普遍的信仰，並非完全依靠其神秘的降神活動所發生的效力，而是在治療過程中糅合進了中醫的治療因素，也就是說，在經驗範疇，香頭的治療有時很難和中醫的經驗區別開來。如果站在鄉民的立場上看，這也是其與中醫身份可以互換的原因，前述「四大門」香頭下神多用中藥可為明證。這可能在別的地區也是較普通的現象，另有昆明的旁證。據當時的調查，昆明有一王姓醫生自稱受神靈啟示，能醫奇難雜症。每次診病均命患者攜舊單至，診畢，常從舊單的各味藥中選擇數種，另用紙書寫，在神位前照視，說是稟與先師，保祐患者藉該藥的力量早日痊癒。有一次看病，王醫生就把病者提供的藥單藥性解說一番，然後說此藥方雖佳，只可惜錯放黃芩一味，若將之換成甘草，服後必可痊癒。開方後照例稟與神位，神位是個木牌，上刻「至聖先師神位」六字，旁邊放著一個小油燈。可見這種治療活動走的完全是一種中醫的程序，只不過借用了行巫的方式。問到病人為什麼找王大夫，回答說：「我的小娃娃，在前年患了咳症，花了許多錢，在那所醫院裡看了三個月還不好，說是什麼百日咳，後來到王大夫那裡一看，吃了兩付藥就好了。」【三】這說明在這位病人的腦中，並沒

【一】馬樹茂：《一個鄉村的醫生》，頁四五—四七。
【二】同上，頁三五。
【三】車溢湘：〈昆明市健康及衛生之調查〉，頁四五—四六。

有嚴格意義上的中西醫和巫醫之分，而是以效果作為實際的判斷標準。

「效力」是形成「地方感覺」的一塊基石，但另一方面「效力」的產生也必須依靠鄉民可以接受的社會形式表現出來，這樣才能擁有相當的競爭力。例如西醫進入中國之初，採取的外科手術方式儘管有可能治癒中醫無法治癒的疾病，卻無法讓中國人接受其解剖原則指導下的治療原則，因此引起種種誤解，一度釀成了相當頻繁的教案。【一】西醫的一些理念也往往和中國的倫理行為相衝突，如民國年間在昆明的調查顯示，當問及相信中醫的理由時，有的人回答：「西醫討厭，什麼地方都要看。」另外一個回答是：「西醫老說，病是會傳染的，如果是個好好的人，哪會碰到那麼倒黴的災星，倘若病是真的會傳染的話，家裡有人病，誰去服侍他。」【二】這反映了民眾的空間概念無法與西醫中封閉的醫院管理概念相互協調。所以西醫系統的進入往往需要藉助「地方感覺」的形式，甚至採取類似「借胎生子」的方式，才能在「效力」上和地方祭祀系統相抗衡。以下就是在京郊發生的一個有趣的例子。京郊平郊村延年寺中的藥王神專司醫治祐護病人的責任，據說具有起死回生的功能，所以村民患病時多來藥王前請願，以求早癒，但是根據效力大小的選擇原則，村民有病不會完全依靠向藥王許願，大多數人採取的是一方面求醫診治，一方面許願的兼顧方式。燕京大學社會學系就是利用了鄉民的這種兼顧心理，同時利用藥王殿的空間，完成了對鄉村社會的滲透。

民國二十九年（一九四〇年）夏天，燕大社會學系在平郊村延年寺藥王殿中設有一個救急藥箱，這個藥箱託付給了當地村民于念昭主持管理，每月添加五元的藥品，其中多屬醫治普通病症的藥物。這個救急藥箱設立的目的是為了服務村民，村裡凡是患病的人，都可免費來此求藥，因此每天來求藥的民眾頗為踴躍，平均每天有十人左右。關鍵在於藥箱設立的位置和村民求藥的動機頗可玩味，藥箱設在藥王殿內，無形中增加了其吸引力，因為村民來此求藥往往帶著愉快的心情，他們總猜想著藥王會特意加神力在這些藥品上，對早早治癒疾病一定大有幫助。[三]我們由此看出，現代西醫對傳統空間的利用，和鄉民對治療效力的心理選擇有趣地達成了某種妥協。

另外，「經驗」與「靈驗」的關係在各地的表現是不一樣的。在我們的印象裡，中醫的年齡越大，經驗就越豐富，似乎更容易得到鄉民的信仰，所謂「醫不三世，不服其藥」，這在某些地區是可以得到印證的。如民國二十九年，昆明市六十六位中醫中，年齡四十五至七十五歲的有五十人，年齡二十五至四十五的只有十六人。[四]而三十四位西醫中，年齡二十至四十五歲

【一】秦和平：〈清季四川民眾敵視天主教的歷史考察〉，載丁日初主編：《近代中國》第十輯（上海：上海社會科學院出版社，二〇〇〇年）。
【二】車溢湘：《昆明市健康及衛生之調查》，頁三〇——三一。
【三】陳永齡：《平郊村的廟宇宗教》，頁九九。
【四】車溢湘：《昆明市健康及衛生之調查》，頁二七。

的有二十九人，四十五歲之上的僅有五人。【一】一九三〇年，李景漢對定縣四百四十六位傳統醫生的調查發現，他們中四十歲以上的佔百分之八十九，五十歲以上的佔百分之六十四點三。【二】與昆明的情況相似，這說明習醫時間的長短對於民眾的選擇心理會有一定影響。如對昆明的調查，當詢及民眾對中醫信仰的原因時，有一個回答是這樣的：「你看看中醫他們學習多少年，自然有經驗，西醫只進三四年學校，出來便掛牌做醫生了，我有一個甥子，從前是個挺頑皮的孩子，後來中學畢業了，便進了軍醫學校讀了幾年書，現在剛跑出來，又是醫生了。」【三】但在京郊地區，除治療經驗以外，鄉人對前八家村或自己村中醫生多不信服，常常請外村人治病，所以當地有句成語：「妙峰山娘娘，照遠不照近。」【四】這說明是否「靈驗」有時比「經驗」還顯得重要，也為鄉人信仰「四大門」留下了相當的空間。

政府按西醫模式對中醫體制進行職業化的改造，對中醫命運有相當明顯的影響。職業化不僅在體制上容易使中醫與西醫進行攀比，比如模仿西醫建立醫院制度，而且經濟利益和傳統倫理之間的關係也發生了微妙的轉折。如前八家村一號住戶袁子賡中醫，曾於民國八年（一九一九年）在海甸鎮藥鋪時讀藥書，學治病，後拜海甸孫志卿大夫為師，學習中醫，不久來前八家村應診；但自北平衛生局領得醫照後，因感到不易掙錢，轉移到海甸應診，後又移到北平行醫，中間還一度去過張家口，最後於民國二十四年（一九三五年）返回村內居住。這期間一度到昌平與清河鎮各藥舖做主方大夫，此後，因土地增多，生活富裕，才返回家中居住。【五】

很明顯，袁子癢的行醫軌跡是沿著經濟利益的軌道而運轉的。而這種轉換很可能與政府對「醫士」與「醫師」進行分類，並由此確定其收入標準的做法有關。這部分「貴族化醫生」在鄉村中顯然數量有限，而且集中居住在市鎮，很少下鄉。大部分鄉間醫生因醫術較差，沒有領到衛生局執照，他們主要靠親朋好友介紹病人，慢慢把名聲傳出去。但這樣做就要少收費用，或不收費用，或每遇節期只收些禮物。鄉村也有用許多偏方治病，或有專門技術的中醫，這部分醫生比用草藥治病的中醫要多。

（二）選擇治療方式的經濟原因

影響鄉民選擇治療方式的另一個核心因素是經濟問題。鄉人得病一般來說是看不起醫生的，除非其收費能負擔得起。中醫出診需雇轎去請，醫生來到家中處方後一般都要酒飯招待，還要贈送「紅包」，金額多少不等。如是在家懸牌應診，俗稱「醫寓」，一般是只診病，開處

【一】車溢湘：《昆明市健康及衛生之調查》，頁二四。
【二】李景漢：《定縣社會概況調查》，頁二九五。
【三】車溢湘：《昆明市健康及衛生之調查》，頁三〇。
【四】李慰祖：《四大門》，頁五〇。
【五】馬樹茂：《一個鄉村的醫生》，頁二一。

方，不供應藥品，也就是說，看完病後仍需到藥店取藥而付一筆藥費。如民國時期道縣的何純齋是專門在家候診的，他門前懸一「何純齋寓所」的牌子，凡是來求診的，處方以後，自覺丟一「紅包」於桌上。紅包錢不拘多少，病人家境好的多封，家境差的少封。【二】所以在鄉間看醫生是要有相當的經濟實力的。因醫術有差異，故收費有高低，如果要在鄉村當純粹的醫生肯定不敷生活的費用。西醫正是因為收費過高，即使治療效果明顯，也受到鄉人的拒斥。比如清河鎮西醫孫富華與王淑敏因為索取兩石米的高額手術費與藥費，鄉人付不起，所以導致人們議論說：「寧可人死，也不敢請西醫。」又說：「清河西醫口臭。」這是對西醫隨便要價的批評。由於無人上門看病，孫王兩位西醫只好經營起副業。其實鄉村中的醫生一直都有義務型醫生與半義務型醫生之分，義務型醫生大多家產豐厚，有足夠的資本扮演儒醫施仁術的角色。而鄉村中所謂半義務性質的醫生卻比例更高，他們往往不只靠治病獲取收入，還兼有其他職業，例如學校教員。據當時調查，兼醫生和教員雙重身份的人數目不少，因為醫生治病要摸脈搏、開藥方，所以要識字。而鄉村識字者少，小學教員又不易請到，中醫為了謀生也為了宣傳自己，多兼教員之職。

徐志明早年通過燕京大學在前八家村設立醫藥箱，並在清河鎮西面真福院天主堂診所初步接觸了西醫的基本知識，中間一度跟中醫袁子賡學習脈學，至於開草藥藥方，了解各種藥品的性味，志明雖稍知一二，但並未深入研習。徐志明後來行醫時，即兼用脈學知識診病，不過僅以此為輔，仍以西醫為主。在學習了一段中醫治療方法以後，徐志明感到對中醫興趣不高，所以成績不佳。徐志明經常進城，看到城裡西藥房、醫院以及衛生事務所設備良好，規模宏大，而中醫則漸走下坡路，覺得還是學西醫的前途大，於是在民國三十年（一九四一年）經朋友介紹，認識了住在北平城內西四牌樓的內科大夫楊百川。有段時間，徐志明每日隨楊大夫學習，後改為每星期進城學習一次。從此，在前八家村，徐志明就開始以西醫的身份與中醫和「四大門」展開競爭。除了在效力方面進行反覆較量外，徐志明參與競爭的最重要武器是收費低廉。徐志明給本村人治病，病輕時則有時白送一些藥片，也不索取給小孩種牛痘的費用。外村人知道徐志明治病不收手術費，也不會像清河鎮醫生那樣收取昂貴的醫藥費，所以紛紛前來應診，以至於門診病人日多。徐志明治療所用的藥品也到指定藥舖如楊百川開設的藥舖購買，為適應鄉民的經濟情況，所購藥品價格都較低廉，為避免藥價波動，每次所購藥品數量不多，用完再買，買藥的週期是每隔一日進城一次。【二】

在京郊農村，治療收費的高低與否，往往直接決定了一位普通鄉民對治療方式的選擇。所以西醫要和「四大門」競爭，首先在費用上應基本與其持平，不能過於昂貴。普通鄉民到壇口

【一】《道縣衛生志》。
【二】馬樹茂：《一個鄉村的醫生》，頁三二。

上求香，只要一兩角錢香資就夠了，有時甚至不付香資也能獲取香灰。若是請醫生至少要花費四角，藥品費還不包括在內。鄉民請香頭大多是為此經濟上的原因，連香頭自己也認為這是其參與競爭的一大優勢。這種情形在警事檔案中也有所反映，如一份審訊書就證明頂香看病在多數情況下並非為了賺錢，這份審訊一位叫王玉才的香頭所記錄的對話如下：

問：你因為什麼頂香治病你將原因說！

答：我曾在南鑼鼓巷信誠齋絺鞋，於前年（一九四五年）十二月間我夢見一老者叫我頂香治病，不然他叫我生病，我無法，於去年正月間我移在永外蘇家坡二號我姨兄孫兆祥家居住，我頂香治病不收治病者有何饋贈。至於賣香錢，我都不管。

問：你頂香治病實在，你不向人民勒索嗎？

答：我實在對於治病及其他並不收受分文，我亦無招搖是非情事。【一】

另一份其表兄的證詞也證明王氏頂香看病並不索要錢財：

問：你這姨表弟他對於給人治病問事向人民要多少錢？

答：我姨表弟與人治病是頂神治病，並不要錢，連香都不賣。【二】

住在小泥灣的一位張香頭也說過：「若是請大夫吃飯得要多少錢呀？老神仙是為救人救世，普度群生。」【三】西醫在進入鄉村時也多少考慮到了這一點，如當時進行的定縣實驗，力求創造出中國式的保健體系，其目的就是為了在經濟承受力上能與其他醫療系統展開競爭。如當時的報告中說：「農民經濟既然如此困難，一切衛生設施，當然不得超過農民擔負能力，因此定縣衛生工作實驗，遂以調查農民每年負擔醫藥費用為起點。」【四】當時調查的結果是：「每家每年醫藥用費平均為一元五角有餘。一家在定縣約有六個人，即是平均每家為每人醫藥至多花用大洋三角之譜。此三角錢在現刻當然完全消用於舊醫看病買藥，無新醫與衛生事業之可言。我們今日介紹新醫，包括科學衛生方法，若能分得舊醫四千年歷史基礎上三分之一之價值，即非易易。換言之，農村衛生行政費在今日華北情形下，至多只能以獲得每家擔負大洋五角為準。」【五】當然南方有的地區平均每人負擔的醫藥費用比定縣還要略低一些。【六】由定縣按最低

【一】〈抗戰勝利後北平市查禁不良習俗倡導善良習俗史料一組〉，載《北京檔案史料》二〇〇二年第四期，頁三八。
【二】同上。
【三】李慰祖：《四大門》，頁五〇。
【四】《定縣社會改造事業中之保健制度》（北京：中華平民教育促進會，民國二十三年），頁九。
【五】同上，頁五—七。
【六】《全國經濟委員會衛生實驗處工作報告》（衛生實驗處編印，民國二十四年），頁三四。

標準議定的醫藥費用可知，其一年的醫療花費相當於一般香頭幾次看病的收費標準。但面對香頭免收治療費的挑戰，有的地區的西醫需施行完全免費的措施才能在爭奪病人方面與「四大門」的香頭相抗衡。

（三）「社區醫學」與鄉村社會資本的融會作用

除「效力」和「費用」之外，社會資本的重組，對西醫在鄉村佔有一席之地起了相當重要的作用。中西醫如果真正想要和「四大門」競爭，在民間社會中就不可能僅僅扮演一個純粹醫生的角色，而需要當地多種條件的合力支持，因為「四大門」的「香頭」就在社區中扮演著多功能的角色。針對於此，負責定縣醫療改革的西醫陳志潛在定縣實驗中提出一個「社區醫學」（Community Medicine）的概念。此概念強調醫學應基於所有人的需要和條件，而非基於那些單獨的個人；基於治療和預防方法的結合，而非單獨依賴治療技術。[一] 陳志潛由此批評現代西醫的職業化傾向只把注意力集中在緩解病痛上，而沒有注意在不同社會和文化背景下應採取不同的治療對策，這樣的話，西醫就成為滋生貪圖錢財心理的機械式技術。最重要的一點是，「社區醫學」十分關注西醫技術如何與地方社區和權力結構建立起合理而有效的互動關係，特別是如何有效地利用當地的社會資源，如新舊士紳階層的力量，作為支撐和推廣西醫技術的背景。在這個互動關係中，陳志潛特別注意為傳統的社會控制機制預留了生存空間，這與北京城裡以洛克菲勒基金會支持的協和醫學院模式引申出來的城區「衛生實驗區」概念有了根本性的差異。「衛生實驗區」設立的目的是為了徹底摧毀地方社區系統，並取而代之，而「社區醫學」的理念則是力圖與地方資源包括「地方感覺」相協調，做到在一個空間中和平共處。【二】比如陳志潛所闡發的「社區醫學」理念包括流行病學、重要數字統計和衛生管理。但在定縣保健制度的報告中，他又高度靈活地強調一切衛生計劃當以最經濟之組織，推行最簡單之事業，建議用短期衛生調查、門診記錄和學生身體檢查，替代城裡依據「蘭安生模式」推行的煩瑣生命統計程序。這樣既可在夏季農忙期間，農人無暇參與社會建設的時候作簡單的社會調查，也可節省費用。正如景軍所論：「簡化西醫行醫手段，通過依靠現存的社會組織和給這些組織注入新的機制來提高公共衛生制度的有效性的決定，是將西醫應用於鄉土中國的重要步驟。」【三】

徐志明在前八家村的特殊身份與從醫經歷之間的微妙關係，證明了這一論斷的合理性。徐志明的父親徐維屏是個有先進思想的鄉紳，曾將前八家村延壽寺內的私塾改為新學。當時徐志

【一】景軍：〈定縣實驗——西醫與華北農村，一九二七—一九三七〉（未刊稿），頁七。

【二】楊念群：〈民國初年北京的生死控制與空間轉換〉，載楊念群主編：《空間．記憶．社會轉型——「新社會史」研究論文精選集》（上海：上海人民出版社，二〇〇一年），頁一三一—二〇七。北京城區所實施的「衛生示範區」計劃受到協和醫院模式的直接影響，與陳志潛所倡導的比較適合於鄉村社會的「社區醫學」理念有很大不同。

【三】景軍：〈定縣實驗——西醫與華北農村，一九二七—一九三七〉（未刊稿），頁一〇。

明在北平上中學，應父親之召，返回家鄉，一面料理家務，一面幫助管理學校；在父親去世後，志明繼續出任小學校長，因為他是附近村莊唯一受過中等教育者。在擔任校長後，他積極與村中長者聯絡，熱心推動村中公益事業，在此位置上也容易和附近各村的民眾發生聯繫，後來被選為所轄附近各村第十五保的副保長。【一】這種職務顯然是國民政府推行地方自治時的新型基層控制力量，但在推行國家的近代化方面卻起著舉足輕重的作用，按杜贊奇的看法，他們雖然地位不高，卻能壟斷國家與鄉村之間的聯繫。【二】

民國二十一年（一九三二年），燕京大學在清河鎮舉辦鄉村實驗區，實驗區下設診所和醫院，以及助產訓練班，努力探求增進村民健康的辦法。實驗區的中心在清河鎮，附近村莊的密度很大，人口眾多，對於治病的需求應很迫切，但鄉村社會中沒有西醫，中醫因收入甚少，常常不肯下鄉，村中患病鄉民只有少數富裕村民可到北平海甸或清河請醫生，多數村民都是信奉「四大門」或其他神祇。因此，清河鎮的醫院少有人問津，面對這種情況，實驗區專門抽出力量，向周圍鄉村擴大宣傳。這時的徐志明已是前八家村小學的校長，兼副保長，以地方政治和教育負責人兩種身份與燕大實驗區人員進行聯絡。聯絡的最初結果是，實驗區在村中成立了一個幼稚園，同時使小學增加到六年級，使新型學制體系趨於完整。隨後又在村內的延壽寺內搭台宣講助產保嬰的好處，並舉行衛生圖畫展覽。

民國二十三年（一九三四年），清華大學社會學系在村內設立實驗區，與清河燕大實驗區的範圍相銜接，清大實驗區設在村內九號梁家院內，不但接續以前燕大在村中的衛生工作，而且在實驗區內附設醫藥箱。有一位常文英女士專門負責義務助產。徐志明這時開始介入醫藥箱的工作，逐漸對衛生事務發生興趣，最初是到北平各書局購買醫藥書籍自學閱讀，後又師從中西醫名師，逐漸成為本地有名的醫生。徐志明至此已在村中身兼政治—教育—醫療三重身份，這種身份較易調動和整合鄉村資源，特別是可利用其在政治和教育方面的地位，來推行西醫的理念與實踐。【三】

最關鍵的是，徐志明在身兼數種角色的情況下，逐漸把西醫導入了鄉村本土化運作的軌道。西醫進入中國後所奉行的一些規則，如相對封閉的醫院管理空間及嚴格規定的門診時間，雖能在中國城市中推行，但在鄉村卻完全違背普通鄉民的生活節奏和對空間的感覺；而徐志明對西醫的本土改造比較貼近中醫的方式，如門診設置的時間不固定，以及出診範圍大、頻率高。因為鄉民普遍缺乏準確的時間觀念，原來徐志明根本沒有確定出診和門診時間，後來規定上午門診，下午出診，但上午應診時間仍不確定，病人隨來隨治，下午出診一般在兩點鐘。出

【一】劉秀宏：《前八家村之徐姓家族》（北平：燕京大學社會學系畢業論文，民國三十六年）。

【二】杜贊奇：《文化、權力與國家——一九〇〇—一九四二年的華北農村》（南京：江蘇人民出版社，一九九六年），頁五七。

【三】馬樹茂：《一個鄉村的醫生》，頁二一—三五頁。

診時把藥品用具裝在一小藥箱內，繫在自行車上，騎車到病人應診或復診的村莊去；每次出診平均約走四五個村子，回家時常常天色已晚，所以出診時先用過點心，晚間回來時再吃晚飯。夏季病人最多，最忙時門診人數超過二十人，因屋小難容，病人多在院中或房外相候，出診人數平均也有十人以上。每天出診所到的村莊最初只是在前八家村周圍兩三里的區域，後來擴展到十里甚至十七里的村子。徐志明出診範圍達四十餘個村莊，最遠曾到過前八家村北面三十五里的沙河。【二】另外，徐志明在與村民或病者的交談中，不會放過任何宣傳西醫的機會，時常發出香頭不能治病的種種言論，並舉出香頭診病不靈的事實。因為徐志明很清楚，僅靠效力高低的較量，顯然並不容易在爭奪病源方面佔據上風，因為他在當地的醫術並不屬高明之列。

中西醫在與「四大門」競爭中逐漸處於有利的位置，我覺得值得注意的是，他們逐步建立起了一種「身體化」的評價系統。凱博文說，中國鄉民容易把精神疾病用身體化的形式加以表述，這是中國文化含蓄表現的結果。而我恰恰認為，鄉民清楚在什麼時候用什麼樣的方式表達自己的感覺，當然前提是治療過程必須有效。至於用什麼言語表達，其實是可以隨場合而變化的，比如他們很清楚把身體疾病與精神疾病分開對待，身體疾病靠人，精神疾病靠神，如前引郭于華的研究表明，現在許多農村鄉民看病仍持有如此的分類框架。理由是鄉民原來認為「香主」可解決一切問題，而西醫進來後，外科手術的效果顯然是「四大門」無法企及的，於是鄉民自然用身體化的語言表達感受，而這恰恰是現代科學規訓的結果，但並不表明鄉間的地方感培育的治療心理已完全消失，或鄉民已完全放棄了選擇仙家治病的傳統，它們只不過是各得其所而已。

六、社會控制機制的轉變與「地方感覺」的城鄉差異

（一）城區「四大門」香頭的移民特徵

從前面研究可知，「四大門」在北京城郊的作用並不僅僅局限於治療功能，香頭還扮演著協調社區事務的角色。而這種角色的扮演與城郊鄉村的社會組織結構和生活秩序的特徵密切相關。但據檔案史料觀察，「四大門」在城區的活動和分佈與城郊相比，呈現出截然不同的特點。在城區，不僅活動密度和頻率減少，活動時間也相對短暫，而且「四大門」香頭多從郊區移入城區，很少是城區土生土長的人物。比如我所分析過的八十六份北京警察廳的偵訊檔案中，抓獲的香頭幾乎全部都是由郊區移入市內的，而且居住的時間都比較短。其中尤以大興人和宛平人居多，抓獲的香頭來自大興縣的有十五人，來自宛平縣的有八人。比如大興人尹王氏搬到城內盆兒胡同被抓獲後招供說：「早先我們在城外住著時，我頂著大仙爺給人瞧香治病，

【一】馬樹茂：《一個鄉村的醫生》，頁二一—三五頁。

後來我們搬進城內來居住，老沒給人瞧病。」【一】香頭搬入城內的動機十分複雜，有些香頭是受到某一仙家的指示和督促，從京郊入城。比如民國二十五年（一九三六年），居住在菊兒胡同的順義城南平格莊人蔡澤田夫婦頂狐仙看病被警察抓獲，他的供詞就稱，來北京的前兩年，妻子朱氏染病後總不見痊癒，被狐仙附體，催促香火，堅持要朱氏給人看病，而且非常靈驗。到民國二十五年，狐仙催促朱氏進城救濟病人，所以於同年九月初九，夫婦兩人一起來城內頂香治病，不久就被警察抓獲。【二】他們進城頂香的實際時間不到兩個月。

另有一種情況，進城後諸事不順而頂香，與負有「四大門」入城使命的上一案例有所不同。如王翟氏住下頭條甲二十八號，供稱「自遷下頭條諸事不順，是我設壇頂玉皇香火求順，代人治病，僅收香鈔」。【三】也有個別外省人進城頂香的例子，如四川人趙卞氏在前門外羅家井七號居住，頂的是「糊塗差」。據她自己的口供：「我並不知醫學，治病時我即燒香，上天告我用何種藥材，我轉告病人，並無符咒情事。」【四】入城頂香人還有一個普遍特點，一般她們頂香治病的時間很短即被查獲，如河北省新城縣人方張氏在民國二十三年（一九三四年）七月由原籍新城來京，住在西郊小馬廠門牌七十三號，頂南山大仙爺給人看病扎針，燒香每股給銅元十枚，但不久即被查獲。據她的說法：「這紅藥麵藥丸是大仙爺賜下來的，我不知名稱。」【五】這麼短的頂香經歷確實和城郊香頭一般頂三年以上，甚至二三十年的經歷不可同日而語。

由於京師五方雜處，除固定居民外，其他人口均有較強的移動性，所以「四大門」的香頭或藉「四大門」之名行醫的人群，其區域分佈、行醫動機、頂香治療方式均要比城郊複雜多樣。比如有的香頭可能一人同時頂幾個大仙診病。有一個叫陳陳氏的香頭供稱：「我於前年間因病經頂香人醫治後，我即由此頂東山大仙爺及幾位仙姑，與人看病服用香灰，並不服藥，且用手指施以神針，看好病人無數，只收香資，並不額外索要錢財。」【六】一般而言，香頭多由女性承擔，這種「性別角色」在京郊普通鄉民習以為常，因為香頭不但從事治療，還負責社區事務的調解，所以從事此職業的性別特徵是不能模糊的。有的學者認為，在唐代以前，女性就已介入了健康照顧的領域，她們的角色既不限於用藥，也未必具有醫者的名分。她們或以巫祝符咒禱解，或靠物理治療，或賴本草藥方，除治療產育相關病變之外，亦為人解除瘡傷、消渴和

【一】《外右四區警察署關於伊王氏等與張有合等瞧香醫治病症一案的呈》，北京市檔案館，J181全宗一九目錄二二一五一卷。

【二】《內五區呈送蔡澤田夫婦頂香治病卷》，北京市檔案館，J181全宗二一目錄四七〇九三卷。

【三】《外三區警察署關於抄獲格鄒氏、王翟氏等頂香治病一案的呈》，北京市檔案館，J181全宗二一目錄一二四五二卷。

【四】《外一區警察署關於趙卞氏瞧香看病一案請訊辦的呈》，北京市檔案館，J181全宗二一目錄六〇七六卷。

【五】《西郊區警署關於方張氏以頂香治病斂財一案的呈》，北京市檔案館，J181全宗二一目錄二八九九八卷。

【六】《內一區呈送陳陳氏頂香治病卷》，北京市檔案館，J181全宗二一目錄四七〇九四卷。

中毒之苦。【一】而我在檔案中卻發現好幾例男性香頭治病被抓獲的例子。如內六區警察署曾破獲一個案子，案犯張文江供認因拉車不賺錢造成「三口無吃」，於是在民國二十年（一九三一年）三月初一日向人說：「我夢見一老頭叫我給他頂香，他自稱是胡三老爺子，他有十二位女童，我就每日給人看病，不准我要錢生財，我曾給人圓光問事，均是胡三老爺子叫我辦的，我子女每日僅能不捱餓。」【二】可見，張文江既不是真正的香頭，也不懂醫術，而是藉香頭為名騙錢生活。

還有一種情況是夫婦兩人同時進城當神差。如房金善和房徐氏都是大興縣人，房金善當玉皇神差，房徐氏會過陰，當幽冥差使，遇到瘋邪各樣病人前來，「我即燒香自將手指燒烤，與人畫符治病，所得香資，不拘多寡。我身穿黃色棉襖，是經人助善所給我，左脅現扎三針，是我在天津與人治病，受陰魔之害，現我將他捉住，故釘在我脅上，現不能起落，恐有性命危險」。【三】檔案中說，這對夫婦從天津入京後不久就被偵知捕獲。所謂「幽冥差」在各地均有記載，西南聯大在昆明所作調查也證明，西南城市中也存在藉「幽冥差」治病的例子。【四】

檔案中記載，在北京城區還出現過一家之內分別頂仙家和龍王而又各不相擾的例子。呂德泉因患病，在東便門外二閘龍王廟求聖水治癒後，即在龍王廟助善，龍王託夢給他，令他催香火頂香給人治病。他治病的方法與「四大門」的香頭相同，即「用香灰茶葉令人用涼水煎熬喝下」，檔案中的描述是：「伊給人治病係先燒香，龍王給伊警動身體，或散或緊，龍王有何言語，伊並不知。」【五】可是警察在呂德泉家檢查時，發現院內東南角地方砌著一個磚洞，內有紅布橫匾一小塊，上有「誠仙德道」四個金字，經查財神洞是呂德泉叔叔呂純良供奉的，而呂純良只聽說他的侄子前四五年常有摔跟頭的毛病，並稱在前門樓、安定門樓當差，並不知他如何瞧香看病。據呂純良之子呂振元的供詞：「財神洞是我父親蓋的，為的是在外頭作事求順遂，並沒別的意思。」【六】呂純良的供詞則承認：「我們小院內有一個小廟，我們早先供著財神，後來塌啦，我又砌上啦，我把財神像撤下去啦，換上的是紅呢小橫匾，每天歸我們燒香。」【七】呂德泉的父親也說他兒子前四五年常摔跟頭，「竟摔死過去，緩醒過來，他就說是在前門樓子上

【一】參見李貞德：〈唐代的性別與醫療〉（唐宋婦女史研究與歷史學國際學術研討會論文，二〇〇一年六月）。

【二】《內六區警察署關於抄獲張文江頂香惑眾一案的呈》，北京市檔案館，J181全宗二一目錄一二四五一卷。

【三】《東郊區警察署關於查獲房金善等頂香治病一案的呈》，北京市檔案館，J181全宗二一目錄一二四五〇卷。

【四】昆明在三四十年代也有從事此職業的人，均以女性為主，故名師娘，據說「此種師娘，能入陰間請已死者藉其口而言」，參見車溢湘：《昆明市健康及衛生之調查》，頁五一——五三。

【五】《外左二區警察署關於偵獲頂香治病人犯呂德泉一人一案的呈》，北京市檔案館，J181全宗一九目錄二二一五四卷。

【六】同上。

【七】同上。

安定門樓子上當差，直鬧了一個多月才好的」。【一】從治病動機上看，頂龍王差使與純粹的「四大門」頂香略有不同，即毫不隱諱賺錢的心理，呂德泉所跟隨的王姓老婦在教他學習頂香看病時明說是為了賺錢。呂氏供詞中說：「他（她）曾叫我用水給他搖香灰成球，他說給人治病當藥，並向我說我如跟他（她）學，將來給人治病，那病人萬不能白叫給治，一定可以得錢。」【二】可見叔侄兩人所信不同，侄子頂香頂的是龍王，叔叔則選擇了財神，但兩人卻可以相安無事地同處一個空間之中。

城內還出現過「四大門」與「醫士」（即中醫）和平共處的情況。例如內三區西頌年胡同二十五號住著一個名叫劉瑞清的醫士，據鄰近住戶反映，該醫士家中供奉仙家黃二老爺，但並不與他人看香，亦不奉仙家與人診病。該管第十三段會同戶籍警士趙連方往劉瑞清院內徹查，發現他家院內西牆下有一座財神洞，裡面供奉著黃紙牌位，上書黃二老爺之位，每日早晚由其家人焚香祈禱，院中的南房是診病室，內設有脈案及診斷方根等物，按警察的話說：「確與醫士診所無異。」【三】於是發還了曾經扣留的醫士執照。劉瑞清是否信奉「四大門」不能完全確定，但其家人信奉仙爺卻是確定無疑的，至少劉醫士沒有從中制止，而是讓中醫診所和仙爺居所共處在同一個空間中，這一現象本身就驗證了中醫角色的模糊性。

還有一些案例是某些人假借頂香看病為名行醫，說明即使懂醫道的人有時也不得不憑藉「頂香」的神秘力量為自己診病的水平提供佐證，以呼應民眾的社會心理。如外四區警署發現盆兒胡同六號住戶王洪林家每天有很多人出出入入，於是對他家進行了突擊巡查，把王洪林及看病人王世全等五口人帶署審查。王洪林的供詞稱：「伊給人醫治病症，並未經過考試正式立案。至治病方法，全恃頂香求神為助，立方自行購藥，並不勒索錢財，所有前來看病者憑其自願，酌給掛號香資銅元二三十枚不等。……伊所配之藥四種，係經公安局發有執照，准予售賣等語。」【四】在這個案例中，一個核心問題是王洪林是否真能降神治病呢？王洪林自己的敘述頗顯出相互矛盾之處。一般來說，「四大門」香頭降神，不管是「明白差」還是「糊塗差」，香頭自身都不具備醫術和治病的能力，更無法識別藥性的作用，而王洪林一會兒說治療「全憑頂香求神為助」，一會兒又說自己所配四種藥完全符合公安局藥品檢驗標準，明顯給自己的頂香行為留了退路，說明王洪林知曉醫道，卻並未被「拿法」頂神，只不過想藉助頂香之名行醫而已，況且男性頂香也不符「四大門」的規矩。不過這個案例恰巧說明在相當長的一段時間內，作為「巫醫」的「四大門」香頭和傳統中醫之間確有一種相互倚重和相互包容的關係，並非完全處於相互排斥的狀態。

【一】《外左二區警察署關於偵獲頂香治病人犯呂德泉一人一案的呈》。
【二】同上。
【三】《內三區警察署偵獲劉瑞清看香事》，北京市檔案館，J5 全宗一目錄六三卷。
【四】《外四區警署關於王洪林假借神術行醫請訊辦的呈》，北京市檔案館，J181 全宗二一目錄二八九九二卷。

（二）城區空間控制的加強與「地方感覺」的弱化

費孝通曾經指出，由於中國幅員遼闊，其社會結構在進行上下溝通的過程中不可能只在自上而下的單軌上運行，「一個健全的，能持久的政治必須是上通下達，來往自如的雙軌形式」【一】。換句話說，中國傳統政治結構是有著中央集權和地方自治兩層。中央所做的事是極有限的，地方上的公益不受中央的干涉，由費孝通稱為「無形組織」（informal organization）的自治團體管理。【二】這大致可以說是前現代基層鄉村的狀況。城市空間也存在類似的情況，斯普倫克爾認為，城市人們的生活受著兩類組織的管理，這兩類組織之間互有某種交叉。一方面是地方性、排他性的團體和會社（大部分人都生活於其中）制定自己的規章手續，藉助慣例加以推行；另一方面是官方的國家行政機關，靠法令、家庭與官僚政府來進行治理。官僚政府平常總有點拒人於千里之外，除非有什麼申訴或騷亂時，才會行動起來。【三】這種平衡的格局在十九世紀以後遭到了破壞，首先是新式警察的建立改變了警事系統和自治空間各安其位的現狀，開始更多地干預民眾的日常生活。【四】其次是非治安系統控制的加強，所謂「非治安系統」是指非傳統意義上的控制機制的引進並發生主導作用。

更具體地說，衛生概念和系統的引入成為城市「非治安系統」最重要的內容之一。「衛生」應成為城市管理內容的觀點起源於十八世紀的歐洲，按照羅芙芸（Ruth Rogaski）的看法：衛生管理的主要推動力是從空氣、陽光和秩序的需要考慮如何利用城市空間。最初對秩序的迫切需求是由於要劃定界限——下水道把清除污物的功能與道路的運輸功能分離開來。將死亡限制在屠宰場和墳墓的功能使這些地方遠離城市精英們的視野和嗅覺。由政府劃定的市政管界把可能會傳播疾病的軀體與健康的軀體分開，設定了民族聚居區和種族隔離的「城市避孕套」。【五】

「衛生」觀念的引入改變了中國人對疾病與環境關係的看法。原來中醫理論認為，疾病的發生只與不正常的天氣、無節制的飲食以及惡鬼的存在相關，而到了二十世紀初，「是否衛生」已成為評價城市文明程度的標準，疾病的發生與城市環境建立起了直接相關的聯繫。與此相應的是，「衛生」事務作為整個城市空間治理的一部分措施，開始被納入到警察監控的職責中來，扮演著與地方自治組織爭奪城市控制權的角色。二十世紀以前的城市管理者在保證人民健康方面採取的是有限干預的態度，其職責主要是確保正常的糧食供應，勸告人們遵行中醫預防

【一】費孝通：〈鄉土重建〉，《費孝通文集》（第四卷）（北京：群言出版社，一九九九年），頁三三六。
【二】費孝通：《費孝通文集》（第四卷），頁三四〇—三四七。
【三】〔美〕西比勒·范·德·斯普倫克爾（Sybille Van Der Sprenkel）著，葉光庭等譯：〈城市的社會管理〉，載施堅雅主編：《中華帝國晚期的城市》（北京：中華書局，二〇〇〇年），頁七五五。
【四】Alison Dray, Novey: "Spatial Order and Police in Imperial Beijing", pp. 885-922.
【五】〔美〕羅芙芸（Ruth Rogaski）：〈衛生與城市現代性：一九〇〇—一九二八年的天津〉，載《城市史研究》（天津：天津社會科學院出版社，一九九八年），第十五—十六輯，頁一五一。

疾病的合理箴言。國家沒有權力或相應的組織去直接干預人民的健康事務，也不想這樣做。【一】

進入二十世紀以後，城市管理者以「衛生」的名義對居民日常生活的干預逐漸變得越來越合法化。即以北京為例，這一合法化過程經歷了兩個階段，第一階段是「衛生」事務附屬於警察系統，成為維持地方秩序概念的一種延伸，還不具備獨立作用的條件；第二階段是覆蓋內外城區的六個「衛生示範區」的建立，重新分割了北京的城市空間，特別是把衛生職能與警察職能予以區分，設置了專門監管機構，這樣就改變和拓展了城市空間的內涵，把「衛生」監控的職責引入了日常生活領域，同時也改變了鄰里之間對「什麼是安全？」的傳統看法。【二】

民國初建，「衛生」觀念的引進也影響到了北京警察對傳統醫學和「四大門」等巫醫人群的處理方法的變化。我們先來看一段民國四年（一九一五年）京師警察廳的告示，其中說道：「醫術多門，皆能救濟，星家推步，各具師承，小道可觀，藉作謀生之路，本為例所不禁。乃近因發生案件，竟有一般作利之徒，不顧生命關係，或以符咒頂香，假充神道，或以偏方配藥許奏奇功，跡其居心，無非以騙詐得財為主義，而病家情因迫切，往往墜其術中，小則枉費資財，大則暗傷生命。」【三】告示最後提示民眾說：「如有感冒疾病，務須尋覓良醫診治，勿再被人誘惑，亂投藥品，致使生命瀕於危險，倘或有人以詐術惑人，意存騙財者，證據如係確實，盡可扭送該管區署，從嚴究辦，不必隱忍。」【四】

細讀這份告示，其內容仍承認「醫術多門」，實際上仍包容了星相佛道諸種及「四大門」

等並非純粹中醫理念所能解釋的治療方法，甚至頂香看病只要沒有詐財或更加廣義的妨害公共秩序和安全的嫌疑，似乎也不在禁止之列。這說明在民國四年間，警察廳還沒有完全依據現代專門化的醫療分類概念處理公務，對醫療觀念的認識仍具有通融新舊的兼容性和整合性，這一點倒是和京郊存在的鄉民「地方感覺」有相通的地方。這個階段城內警署的判詞中經常出現諸如：「似此假神騙財，不惟引入迷信，尤恐戕害生命。」【五】關注點還在對騙財行為的預防上，還是一種維護治安秩序的視角。

抗戰以後，國民政府內務部曾相繼頒行了查禁不良習俗辦法及倡導民間善良習俗實施辦法，令各省市遵行。北平市政府也頒佈了相應的細則條例，制定了不良習俗調查表和現有不良習俗實施嚴禁期限表。細則中規定，調查表不但要填註所謂「不良習俗主體」的姓名、性別、年歲、住址、職業、教育程度，還要註明種類（例如纏足或迷信之類），心理影響（如不良習

【一】〔美〕羅芙芸：〈衛生與城市現代性：一九〇〇—一九二八年的天津〉，頁一五九。

【二】參見楊念群主編：《空間．記憶．社會轉型——「新社會史」研究論文精選集》，頁一三一—二〇七。

【三】《京師警察廳關於市民勿被符咒治病詐術欺騙的示》，北京市檔案館，J181全宗一八目錄五一六二卷。

【四】同上。

【五】《外右二區關於趙賀氏頂香看病被判罰的報告》，北京市檔案館，J181全宗一八目錄五四一六卷。

俗者之情緒如何，有無執迷不悟情形），生活關係（例如以卜筮星相為業之類）。[一]「頂香看病」在這場比較常規化的道德教化運動中自然也成了重點糾察對象，在所定嚴禁期限表中，「頂香看病」與信仰邪道、圓光看香、指佛持咒、藉機斂財或假冒僧侶包辦佛事、吹唱雜曲，以及一貫道、摸摸道秘密聚眾結社和婦女纏足等自民國三十六年（一九四七年）十一月四日即日起被強制解散，並察酌情形沒收其藥方、藥劑或符咒書籍。[二]這次習俗改良運動的一個重要特點是，其強制措施都是在民國十八年（一九二九年）推行的城市保甲自治的框架內進行的。一九二九年一月，全市城郊被劃分為十五個自治區，許多政府組織的活動都在這一新的城市空間安排下進行，民政局制定的不良習俗調查表格就是由其派員督同各區保甲長詳細訪察，分別填註，最後還要製成統計圖表。比如第十五區公所呈報的八保十五甲所填《不良習俗調查表》中，就填報了一位五十一歲的王杜氏，在「不良習俗之種類」一欄中填的是「信奉邪道頂香看病」，在「心理影響」一欄中填報的是「愚惑鄉民」。而在第四保十九甲所填報的對一名叫王玉才的男子調查表中，內容就更加詳細，在「不良習俗之種類」一欄中填的是「信奉邪道頂香看病」，「心理影響」一欄指其「引誘良家婦女，每於夜間聚集多人，影響地方治安」。[三]可見對「頂香看病」的察訪最終仍落在了對地方治安狀況的關注上，只不過這種關注形式更加細密地落實到了以自治區劃為主體的城市細胞的監控程序之中，因而顯得更有效率。在這次行動中，就因為第四保的「正副保長事前不向民眾勸導，更不舉發，殊為失職」，因此各被記過一次。甲長韓永珍因參加該秘密道，「不能領導民眾，應撤職另行改選具報」。【四】不過，直到民國三十七年（一九四八年）一月，第十五區內仍有頂香看病的情形發生，一月十八日第八保保長王文佐報稱胡兆增「勾引十四區大柳樹李佛緣（自稱係濟癲僧活佛下界）在該村聚眾燒香，藉詞索款，並稱若干日後即有大亂，爾等民即應歸順我佛，以登仙界」，【五】並報警局處理。可是到了四月二十八日，王文佐繼續呈報說，李佛緣等不但不知斂跡，還藉端調戲婦女，「且時有外縣人以看病為名來往其家。值此戡亂時期，倘有匪人乘隙潛入，於地方治安實有攸關」。【六】所以還是通過位於市郊的第三警察分局將李佛緣驅逐境外才算了結此事。

儘管如此，我們從另一份檔案處理案件的前後措辭變化中仍可以觀察到，現代「公共衛生秩序」的概念已經逐漸滲透進警察處理「四大門」等事務的程序之中。如民國四年（一九一五年）對李朱氏頂香一案判詞的改動就很有意思，原有的判詞是：「李朱氏左道惑人，殊屬有礙治

【一】〈抗戰勝利後北平市查禁不良習俗倡導善良習俗史料一組〉，頁二九。
【二】同上，頁四九。
【三】同上，頁四〇。
【四】同上，頁三九。
【五】同上，頁五〇。
【六】同上，頁五三。

安，合依違警律第三十八條二款拘留十日。」[一]這顯然還是按傳統的治安標準予以處罰，字面上無甚新意。但檔案中顯示，判詞經塗抹後改為：「李朱氏左道惑人，殊於公共衛生有礙。」[二]雖然只是幾字之差，卻已改變了李朱氏頂香行為的性質，即警局原來考慮打擊的重點是妨害傳統治安秩序的行為，而改動後的措辭則更強調對所謂「衛生秩序」的破壞。這顯示出警局處理「四大門」等傳統治療技術的微妙心理變化。二十世紀二十年代以後的許多判詞就更是直接從「衛生」的角度入手，判定案件的性質。如外左三區判決胡永泰一案稱：「查胡永泰竟敢以信邪秘密與人治病，實與風俗衛生兩有妨害。」[三]民國二十五年（一九三六年）公安局對張葛氏案件的判詞是：「雖供並無頂香與人治病斂財之事，惟無醫學知識與人治病，亦屬不合。」[四]所謂「不合」當指公共衛生標準。其判詞表明即使查出無頂香之事，也需按醫學標準訊辦。

警局判詞的改動只反映了空間控制變化的一個方面。北京城區內的「衛生示範區」成立以後，「四大門」香頭的活動範圍受到了很大限制，衛生區通過鄰人舉報、媒體曝光、巡警督察等方式日益壓縮香頭的治療區域。如一部分深浸於「衛生」觀念的市民的介入，使偵訊「四大門」的行為帶上了公共參與的色彩。衛生局檔案中存有一封市民林石鳴和張瑞傑的來信，其中對有頂香看病嫌疑的幾家住戶的分佈情況了解得非常仔細。信中說：「平市對於一切衛生事件，均百分努力，惟近來一事貴局不甚介意，……竊平市有名醫不下數百，均無使病人吃香灰符紙而癒者，進來有人異想天開，立以佛堂，頂香看病，送病人香灰符紙為藥品。如北城妙豆胡同安靈里二號何宅，南城宣外果子巷羊肉胡同二十九號閻香甫，櫻桃斜街李宅，兵馬司謝宅。」【五】這段描述已從專門化的角度把「四大門」診病與標準的醫學行為作出了區分，這顯然有別於城郊鄉民對香頭身份的模糊感覺。

城區內的各種媒體也通過相關報道為巡警對「四大門」的偵訊提供信息，這直接使香頭的活動受到很大的壓力，使其行動必須在日益詭秘的情況下才能進行，如著名的呂德泉一案就是由《京兆新報》曝光後被警察偵獲的。當巡警查到香串胡同呂德泉有頂香行為時，知道其「惟甚守秘密，須熟人介紹始肯給人醫治，查辦頗費手續，當覓一金姓老婦託詞求藥治病兩次未允」。【六】呂德泉的叔伯兄弟呂振元也曾經提醒呂德泉，「勸他不必信這些個，我說瞧香治病地面上不准，不叫他頂香」。【七】另有例子證明香頭在城內頂香顯然比城外有更多的心理壓力，如

【一】《內左一區警察署關於李朱氏的呈》，北京市檔案館，J181全宗一九目錄一〇三二四卷。
【二】同上。
【三】《外左三區警察署關於送胡永泰與人瞧香治病的呈》，北京市檔案館，J181全宗一九目錄二六二三〇卷。
【四】《內四區送遵將匿名函報瞧香治病張葛氏一口》，北京市檔案館，J181全宗二一目錄四七〇九三卷。
【五】《市民林石鳴、張瑞傑呈》，北京市檔案館，J181全宗二一目錄四七〇九五卷。
【六】《外左二區警察署關於偵獲頂香治病人犯呂德泉一人一案的呈》，北京市檔案館，J181全宗一九目錄二二一五四卷。
【七】同上。

胡永泰的口供：「我恐地面干涉，是我備有高香，來治病的人，燒我的高香，給我香錢，我並不貪別的錢財。」【一】檔案中曾透露拿獲呂德泉的十分複雜的過程。由於無法接近呂氏，警察查到，與呂氏同院住茶食胡同無盛齋蒸鍋鋪鋪掌劉順先，與崇文門大街永盛牛肉館鋪掌王德福相識，警察委託劉順先找到王德福，告訴他有張姓小孩在城外玩耍，向枯樹撒尿時昏迷不醒，導致雙目失明，想找呂德泉醫治。呂德泉答應後，定於民國七年（一九一八年）七月二十七日午後備車接請。警察一面在太乙胡同門牌七號福昌涌紙局內借用房屋，並令在該局居住的張子和代為接待，同時命令第二分駐所的伙夫錫珍扮作患眼病的小孩在局中等候。然後命令王德福備車接呂德泉，等車行至欖杆市大街，張子和上前阻止，告訴說小孩已經進城，在福昌涌紙局等候醫治，於是將呂德泉讓至紙局內，呂德泉即令買香，「俟其焚香作態叨念請神之際，即令巡警張德山進該局將其拿獲。【二】整個偵破過程看起來相當複雜，經過了一番精心設計。這與京郊地區「四大門」活動的公開化和透明化程度相比顯然不可同日而語。

特別值得注意的是，警察在處理頂香行為時由於受到「衛生」觀念的影響，常常把頂香過程中的降神行為按精神疾病進行歸類，這與原先從治安和維護秩序的角度所作的判定又有區別，甚至會影響到當事人對自己行為的自我判斷。比如處理張趙氏頂香案時就出現了這種情況，據當事人佟李氏供稱：「這張趙氏於去年九月間租住我院中北房一間，至本年二月間我院中無分晝夜，時常有人拋擲磚頭，遍尋並無人跡，疑係大仙，我遂寫一牌位供在堂屋，迨後張趙氏他即頂香在我屋中給人看病，並報藥名，令旁人給寫。」【三】據張趙氏供稱：「有一次我看見一個大白臉將我嚇死，我遂買得香爐蠟扦供在佟李氏所供牌位之處，至本年正二月間我屢次犯病，迨後每迷糊不醒之際，我聽院鄰說曾與人看病，我毫無知覺。」【四】請注意張趙氏對自己頂香行為的表述，與城郊香頭的表述完全不同。城郊香頭的職責就是給人治病，她（他）們從來不會認為自己的行為是一種病態。而作為城裡的香頭，也可能張趙氏受到「衛生」觀念的影響，反過來認為自己的行為屬病態範疇。因為在此之前，她丈夫對妻子附體治病的行為頗不理解，請中醫診治的判斷是「氣衝肝症」，而警局對張趙氏的判詞是：「經醫官驗明實有間斷期精神病，免予置議。」具有反諷意味的是，有些頂香人只有被貼上現代醫學分類下的「精神病」標籤，才可能被免予追究。

總之，在現代警察系統和衛生體系的雙重監控下，「四大門」在北京城區的勢力受到很大削弱，這表現在香頭在城區失去了在城郊那樣的地方感覺的氛圍，既無法成為城裡社區事務的協調人，從而成為類似解決城郊鄉民疑難問題的源泉，又無法與監控嚴密的現代衛生制度相抗

【一】《外左三區警察署關於送胡永泰與人瞧香治病的呈》。

【二】《外左二區警察署關於偵獲頂香治病人犯呂德泉一人一案的呈》。

【三】《外四區警察署關於佟李氏控張趙氏頂香治病一案的呈》，北京市檔案館，JT181全宗二一目錄一二四五三卷。

【四】〔法〕布迪厄：〈社會空間與象徵權力〉，頁四二五—四四〇。

衡，分享其城區的文化資源，因而與城郊的情況形成了巨大的反差。

結論

本文通過研究北京郊區乃至華北地區普通鄉民的「四大門」信仰形態，得出了以下結論：

其一，以往對宗教信仰的研究比較強調上下形態如何溝通，特別注意上層的「宇宙觀」如何規範下層鄉民樸素的民間形態，或者是下層民眾對上層「宇宙觀」如何作出回應和抵抗。一些精英知識群體總是用一套學理意義上的宗教崇拜的等級原則去想像和比附普通民眾的宗教意識。本文則通過北京城郊鄉民的「地方感覺」所營造的氛圍，對知識精英所構建的神譜身份制進行解構，試圖説明，「四大門」雖然是喜怒無常無法成為更高一級神祇的「仙」，卻能左右鄉民的情緒並催動更高一級偶像的香火，並制約著其發生作用的形式。這表明在鄉民意識裡並不存在嚴格意義上的神界秩序，也不會按照這種秩序去安排自己的信仰生活。

其二，鄉民對「四大門」的信仰與他們的地方感覺有關，鄉民信仰對神祇和仙家的選擇並不完全取決於其信仰層面的精神效力，而是關注其在日常生活中實際發生作用的程度，比如是否能解決普通生活中的一些難題，偶像可信度與否往往與其是否能驗證具體的生活經驗有關。而生活經驗又與個人所處的特定空間和其持有的特殊感情狀態有關，這種地方感覺是鄉間挑選成員、友誼、戀愛、婚姻、結社等的基礎。京郊鄉民對「四大門」香頭作用的認可，往往是因為她們處於鄉民認同自己的地方感覺的樞紐位置，因為她們經常扮演社區事務的協調角色，而不是官方超越地方感覺制定的信仰原則。與此相關，如果空間的內涵變了，信仰的生存基礎也會隨之發生變化。布迪厄認為，社會世界是處於不同生活方式之中的地位群體所形成的空間，人們在相似的類別身份中確立自己的地方感覺。【一】意思是說，環境變了，地方感覺就會隨之改變或消失。比如「四大門」香頭在城郊的身份並不僅僅是治病的醫者，而且還是事務的紐帶，可以通過頂香這種「差異的標記」來標識出自己區別於普通民眾的重要價值。但是一旦移居城內，因為城市的空間結構與城郊有很大差異，香頭無法在這樣的空間中佔據主導地位，「地方感覺」自然就弱化了。這並非僅僅是一種心理感覺，而且是身體與周圍世界重新發生關係時所導致的位置感的移換。從主觀方面而言，在城區，現代國家可以更直接地通過改變感知與評價社會世界的範疇對原先的地方感覺重新分類，從而積累起了新的象徵資本，分類框架制定的具體表現，就是對一些職業資格的認定，如對「醫士」與「醫師」資格的確認，並通過職業化訓練的手段成為城市民眾的共識，實際上就改變了城區的地方感覺結構，香頭所依恃的地方感自然就被弱化了。

【一】〔法〕布迪厄：〈社會空間與象徵權力〉，頁四三五—四四〇。

其三，從以上的論述可能會得到一個印象，「地方感覺」與城市化的過程似乎是背道而馳的。如果把「四大門」等信仰僅僅簡單地理解為所謂「封建迷信」的話，這個過程就似乎具有毋庸置疑的合理性。但事實遠非如此簡單，城鄉差異經過近百年的變革，在中國仍是一個主要問題。在過去相當長的一段時間內，用評價城市的專門化標準或感覺分類原則去強行規範鄉民具有自治意義的感覺，而不顧忌地方環境的特性，已經造成了地方文化資源的枯竭和流失。早在二十世紀四十年代，費孝通先生就警告過，不要為了盲目推行自上而下的現代化，就肆意破壞傳統社會結構形成的雙軌制原則，用行政村體制徹底取代自然村體制，如此試驗政治單軌制就會堵住自下而上的政治軌道。費孝通的思想在當時引起很大的爭議，被認為是「反現代化」的論點，現在看來卻是最清醒的一種看法。對「地方感覺」的認識亦當如此，當我們考察一種信仰的內涵和功用時，應更多地考慮它與不同地方感之間的關係，而不要僅僅把它視為純粹的宗教形態。同時也應該在地方感的框架下來評估其信仰的意義和價值，而不要先入為主地在現代化的框架下對之予以定性的評價。

附錄：如何從「醫療史」的視角理解現代政治？

一、什麼是「現代政治」？

就中國歷史的內在演變而言，「古代」政治應該大致包括這麼幾種形態要素：帝國控制著廣大的領土；皇權政治的「專制」傾向；科舉制支配下的官僚選拔和治理；基層社會的宗族性道德支配等等一些特徵。【一】

而中國現代政治的基本要素可能大致越不出以下的表述：皇權符號倒塌後道德和社會的無序；軍閥混戰背景下的一統趨勢；民族力量的干預逐漸加強；自上到下科層行政體制對傳統自治狀態的取代等等。【二】

對中國現代政治的緣起特別是對「革命」發生的機制和原因的分析，也出現了不少的成果，佔統治地位的說法是，中國「現代政治」的產生是由於傳統體制僵化導致應對西方世界的機制運轉不靈，乃至最終發生全面崩潰，於是模仿西方現代政治體制的潮流應運興起。【三】最近一種比較新穎的解釋強調「現代政治」乃是中國人不斷進行行為選擇的一系列後果，具有不同於西方社會演變的歷史態勢，並非是以上「模仿說」的簡單邏輯所能闡明，特別是描述「革命」的發生具有在不斷調整中逐漸適應社會變遷的能力，這種調整模式的形成被特別看成是不斷選擇後的實用「政治」策略日益滲透和支配日常民眾生活的結果，【四】而更有人把中國革命的政治實踐看作一種完全區別於以往政治行動模式的「現代傳統」。【五】

如果再進一步概括，對「現代政治」的理解主要有兩種解釋路徑：一是傳統政治史的路徑，即主要關注上層政治集團和行政體制的結構及其變動，以此為基礎透視其對社會變遷的影響。二是社會史的路徑，這一路徑認為，對政治的理解不能僅限於上層和官僚系統的運作，而

【一】關於古代政治比較簡潔準確的表述，可以參見錢穆：《中國歷代政治得失》（北京：生活．讀書．新知三聯書店，二〇〇一年）。

【二】關於近代知識分子政治思想轉變過程的一般性概括，可以參見王爾敏：〈近代中國知識分子應變之自覺〉，載氏著《中國近代思想史論》（北京：社會科學文獻出版社，二〇〇三年），頁三二三—三六九。

【三】例如費正清就通過分析「舊秩序」中不適應現代發展的結構性因素來闡明「革命過程」的必要性，著重說明的是中國傳統和現代因素的對立關係。參見〔美〕費正清著、張理京譯：《美國與中國》（北京：世界知識出版社，一九九九年）。

【四】參見鄒讜：《二十世紀中國政治——從宏觀歷史與微觀行動的角度看》（香港：牛津大學出版社，一九九四年），頁一二五—一二六。蘇力最近也談到了中國意識形態治理技術中「道德」因素的支配作用，必然會導致非制度性因素有時會起到關鍵作用。參見蘇力：《法律與文學——以中國傳統戲劇為材料》（北京：生活．讀書．新知三聯書店，二〇〇六年），頁二三一—二五〇。

【五】參見黃宗智：〈悖論社會與現代傳統〉，載《讀書》，二〇〇五年第二期。在另一篇文章中黃宗智闡發了「實踐」在認知中國近代政治中的作用，參見黃宗智：〈認識中國——走向從實踐出發的社會科學〉，載《中國社會科學》二〇〇五年第一期。我在〈「危機意識」的形成與中國現代歷史觀念的變遷〉一文的最後一節中，也討論了相關的問題，可惜在刊登時這部分被刪去，文章的前一部分參見王笛主編：《新社會史：時間空間書寫》（杭州：浙江人民出版社，二〇〇六年）。

是應該更多地把注意力放在對基層社會非行政系統運轉的層面和民眾日常生活的方式上透視其特徵。這一路徑吸收了人類學「民族志」的敘事方法，以對區域社會中歷史現象的細膩描繪見長，力圖從地方歷史的演變脈絡中理解現代政治的發生淵源。

但這兩種路徑又都有其各自的弱點，僅僅從上層和官僚體制運轉的角度詮釋政治的內涵，往往只看到了政治運行的體制化的一面，而沒有看到，中國社會的運轉，很大程度上是靠基層道德文化的微妙張力來處理日常事務的。特別是無法理解縣級以下民間網絡的運行特徵，這也是引起「眼光向下」的社會史方法對之進行反撥的主要原因之一。不過僅僅從地方區域性的角度來理解政治的運作機制，則顯然很難全面描繪出現代政治的跨區域性質和宏大深遠的變化圖景，特別是無法理解革命的跨區域性起源。【一】

有鑒於此，我們認為應該採取更加整全的視角來對現代政治進行重新解讀，其基本思路是，現代政治不僅是行政體制運作的問題，而且也是每個「個人」的「身體」在日常生活中如何面臨被塑造的問題，包括政治對身體進行的規訓與懲罰。這當然是受福柯影響形成的思路，只不過在挪用時應該注意如何應對中國語境化的挑戰。

我的敘述策略是，「身體」所處的位置必然和「空間」的重新安排有關，要明瞭此點，就必須對「空間」的涵義重新加以界定，特別是要考慮「空間」的滲透與「地方」民眾的意識與行為之間形成了複雜的調適與衝突的關係，解讀這種關係是理解現代政治在基層實踐的關鍵和起點。「空間」逐漸在中國合法化的過程，實際上也是一個如何使之「制度化」的過程，同時這種制度化也是一個從城市向鄉村的擴散過程，是對「地方感覺」與「地方性知識」的塑造過程。反而言之，更是地方性資源對這種強制傳播的抵抗性過程；只有把這些複雜的因素統統考慮在內，才能更加貼近實際的歷史進程。也只有處理好了這些複雜因素之間的關係，才能理解現代革命為什麼會演變為跨區域的風暴，同時也會理解那些革命的領導者身上為何不可避免地仍帶有某些區域或傳統的痕跡。

二、作為問題出發點的「身體」

身體問題的現代意義往往與自我對現代的認同態度有關，這引起了許多思想史研究者的好奇和思考。比如「中國人」之所以成為「中國人」，在古代的評價體系中似乎不成其為問題，在現代卻顯得至關重要。因為在面臨西方的威脅時，「中國」作為一個國家形態到底在何時形成、未來到底會走向何方才突然變成了一個問題。我們過去的史學研究往往把中國從「帝國」向「現代國家」的轉變看作是一種結構轉型和制度變遷的過程。我這裡所關切的是，中國人

【一】參見楊念群：〈「地方性知識」、「地方感」與「跨區域研究」的前景〉，載《天津社會科學》，二〇〇四年第六期。

的身體感覺是如何被改變的？或者說當代中國人的身體到底在什麼樣的位置和狀態下被加以改造，並造成了自我認同的危機？因為我們自從被扣上了「東亞病夫」這頂帽子，就陷入了一種自卑和自尊相互交織的複雜心理狀態。【一】如何克服「東亞病夫」的自卑感，並同時達致最終的民族自覺？這也許是中國近代以來最重要的主題，但是我們往往把這種「東亞病夫」身份的克服和怎麼脫去這頂帽子看作是一個外在的、政治的、經濟的和社會改造的過程，而沒有看到實際上最緊要的改變恰恰是從我們中國人自身的身體開始的，這是我想要特別分析的一種狀態，也是醫療史研究可以發揮其作用的地方。

這當然也牽扯到「自我認同」這類思想史問題，但我首先會把它理解為一種生物「物理」問題，或如福柯所言是一種「生物權力技術」的形塑和傳播的問題，這個問題的發生首先是由西醫的侵入和控制來加以實現的。正如我在序言裡所提到的：外科手術的傳入引發的是一場「身體」革命，當西醫傳教士的第一把手術刀切入中國人的身體時，一個「現代性事件」就發生了！

外科手術是以毀損身體皮膚輪廓為代價來治療疾病的方法，這必然與中國人對身體的傳統認知相左，但它卻從完全不同的兩個方面塑造了中國人對現代政治的看法。一方面，中國人認為身體髮膚受之父母，損傷後要受到懲罰，古代有「採生折割」律嚴厲處罰這種現象，近代大量謠言的出現質疑的全是對身體的損傷現象，而且這些質疑基本都是以「採生折割」為言說底本。近代許多教案的發生也與中國人對外科手術的想像往往從「採生折割」的角度加以理解有關。這就是為什麼我會選擇以「採生折割」話語的構成為切入點，解讀「身體」政治的緣故。

但另一方面，在一些傳教醫生的眼裡，外科手術的成功又恰恰是把中國人塑造成為「東亞病夫」的有效途徑。例如在一些傳教醫生的記述中，中國人做手術時忍耐痛苦的堅忍毅力，在被讚嘆之餘，也被認為是一種麻木不仁的表現，而一些畫師所描述的病人手術後的安詳表情也被看作一種獲得新生的姿態。就這樣，中國人性格中的一些傳統意義上的優點，通過手術變成了營造「東亞病夫」形象的有力工具。【二】

當然，對西方醫學作用的抗拒及其政治意義的解讀主要還是體現在了對「採生折割」話語的誤讀和移植上。「採生折割」原來是中國的一個法律術語，說的是一種以割取小孩身體的某

【一】從「身體」的角度探討中國人意識的變化，已出現了一些引人矚目的研究取向，如從「痛感」的角度探討女性的身體意識和主體性問題，參見高彥頤：〈「痛史」與疼痛的歷史——試論女性身體、個體與主體性〉；從「優生學話語」的角度反思中國人對自身生育意識的變化，參見馮客：〈個人身體與群體命運——近代中國之人種繁衍與群體紀律〉。以上兩文均見黃克武、張哲嘉主編：《公與私：近代中國個體與群體之重建》（中央研究院近代史研究所，二〇〇〇年），頁一七七—一九九、二〇三—二二二。

【二】參見韓依薇：〈病態的身體——林華的醫學繪畫〉，載《新史學：感覺圖像敘事》（北京：中華書局，二〇〇七年）。

個部位（眼睛、肝、心臟、腎等）入藥的殺伐生命的現象。這個現象在進入法律責罰體系之前表述起來一直有些似是而非，一般人往往會與某種術士的行為混在一起理解，帶有某種不可知和想當然的神秘色彩。可這種想像一旦橫向移植到西方人的身上就會發生許多附會。這些附會往往由對醫療現象的誤解而起，卻又絕不僅僅是個「醫療史」的問題，也不是傳統意義上僅僅是處理某個中國人身體受到了傷害的個體法律問題，而是一個總體的「現代政治」的問題。這表現在以下數個方面：

首先，我們發現，教案的發生有相當一部分數量是與「採生折割」的想像有關，但除個別是直接針對醫館治療失誤引起的損傷外，大量的案件實際涉及的是教堂禮儀的神秘性導致中國人狐疑猜測，說明「採生折割」的想像超越了個體的醫療關注，而延伸到了對陌生空間的定位和接納的問題。一句話，原有的地方社會裡無法找出與教堂體系（包括醫院）相銜接的認知資源，必然導致一種認知錯位和行為抗拒。

其次，「採生折割」話語有一個從個體對身體受損的感受及其所應遭到的法律懲戒這樣一種認知，向具有群體特徵的現代民族主義對外抗拒心態轉變的過程。一個現象很有意思，到了二十世紀五十年代，雖然政治形勢有了根本的變化，「採生折割」話語作為封建迷信理應也在被批判之列，但許多媒體還在沿用那套被改造過的「採割」邏輯。比如新中國成立之初控訴美帝國主義侵略中國時，就常提及教堂嬰兒被遺棄的事例，儘管這些事例幾乎全都是謠言和想像，但在當時對西方的民族主義批判運動中，卻是被當作史實來加以反覆引證的，這説明當代民族主義的政治表述一直延續著對「採割」話語和術士行為的想像成分。

再次，「採生折割」話語在不同時期不斷地被喚醒，成為普通民眾對政治現象的某種奇特的表達方式。比如在建造孫中山陵墓的過程中，當局就同樣遇到了謠言的困擾。一九二八年的《革命評論》上就有一篇題為〈孫陵與小兒的魂魄〉的文章，講的是當時流傳一個謠言，説是孫中山陵墓於完工前須攝取童男女靈魂一千名，這個謠言由南京傳到鎮江、蘇州、無錫和常熟等地。輿論還説公安局還為此逮捕了二十幾個賣花樣的女子，據説此輩身藏「白紙剪成之鬼怪多件」及玻璃瓶若干，內懸「以絲線結成類似人形者之線人」。【一】以致有的地方小孩為避邪，身上掛一個紅布條，上面寫著八句歌訣：「石叫石和尚，自叫自承當；早早回家轉，自己頂橋樑；你造中山墓，與我不相當；真魂招不去，自招自承當。」【二】「採割」話語在這裡被轉換成了一個政治寓言。

當然，「採割」話語的延續更多的是與某種醫療態度有關，同時這種態度也間接反映的是一種政治態度。當年反中醫的余岩就曾説過，中國人的誤解來自於不解西醫的習慣，西醫「遇

【一】江紹原：《民俗與迷信》（北京：北京出版社，二〇〇三年），頁七九。
【二】同上，頁八三。

有奇異之處，變化明著之內臟，則取而藏之器中，加以藥品，使不腐敗，以資後學者之參考，其意至愷惻也。不幸而保守屍體為吾國最神聖不可犯之舊習，國人見其如此也，遂嘩然以為殺人食人，如水滸綠林之所為矣」。

江紹原倒是認為民間想像更多地來源於對術士行為的理解，他說：「我國的術士的確有採生折割的舉動，大家平時熟聞其說，所以容易疑心傳教士也有這種舉動。」傳教士被疑為邪術家，也不是沒有理由：「西教士不但有『祈禱洗授』等宗教上的工作，而且他們所用的東西（如鏹水、銃、攝影機以及藥物）也是靈驗不過的，也是愚人所莫名其妙的；這些東西既然如此奇巧和非常，他們便以為當然不是用普通的質料製造的了。」

江紹原又總結中國人面對西醫的困境時說：如所用的藥不發生效力，他們當然不信西醫，反之，若很快的發生了很明顯的效力呢，他們仍會疑心製藥的原料是人心、人眼一類的物事。總之，舊日中國人太不了解西人、西醫、西藥，所以無論西人、西醫的言行良不良和能不能顧到中國人的好惡，也無論西藥發生不發生效力，誤解總是難免的。【一】這種誤解其實也表明的是一種對待西方的政治態度，甚至民國初年的黨報社論中論及當時被市政府收回的南京廣濟醫院是否應交還英國人經營時，也有類似「採割」的想像式議論，認為一旦交還，貧民跑到醫院診治，「難免癖疥之疾，就得截足斬手，垂危之疾，率與剖腹驗屍」。有點像「採割」語言。又有一位教員因剖解嬰孩屍體，事破被罰的紀載。【二】這也遭到了類似「採割」之類的批評，看來

「採割」說直到民初仍未絕跡。

三、「空間」的涵義

近代中國人對西方人的誤解源於對身體破損的恐懼，恐懼發自內心，故有眾多謠言的散佈與流行，這可以看作一個心理事件。除此之外，另一個角度也值得關注，就是身體位置感的改變帶來的陣痛。你在什麼樣的位置狀態會感到怡然自得，換到另一個位置會發生恐懼？這在近代變成了一個新問題，這個問題的設定不是僅僅從結構變遷和制度轉換的單向緯度的解釋中可以得到解決的。前近代社會中也會出現類似的問題，如一個村莊或宗族內部相對是熟悉化的，人數固定，相互熟門熟臉，沒什麼隱私可言。外來一些流動的人群如掛單和尚、走方雲遊之士，一旦進入村民熟悉的視野內，就會形同異類，遭到懷疑和驅逐。

區別在於，古代這些「異類」進入社區無法長期安身，具有暫時性和流動性，因此威脅性很小，對村民的心理震動也弱。近代傳教士的進入卻是對整片空間的佔領，而且具有強烈的滲

【一】參見江紹原：《民俗與迷信》，頁一三七。
【二】同上，頁一四三。

透性。這種滲透性的意義在於，它改變了村民對傳統環境的認知習慣，這些習慣包括：利用熟人網絡的關係來分配上層政治機構下派的事務，甚至化解其壓力；處理日常生活事務時可以相對嚴格地區分行政與熟人行為邏輯之間的界限，把公共事務轉換成一種日常面對的簡單程序。這套邏輯到近代統統不管用了，這方面的例子可以舉出很多。比如「教民」的出現使得原有的人群類別發生分化，有可能造成了原來熟人之間的對立；「教民」被教堂庇護，傳教士背後又有強勢的政治力量作支撐，使他們從社區熟人的圈子裡分離了出去，形成「吃教」的特殊群體。這改變了地方上的經濟和政治格局。【一】

還有一點更加重要，就是「空間」的強勢介入重新界定了「地方」社會的意義。古代中國人其實並沒有明確的「地方」概念，因為在一個熟人社會中，「地方」也許就是個村子，村子其實就是整個世界，頂多延伸出去變成整個帝國的一個組成部分，而對帝國的認知其實並不外在於他所生活的熟人社區，普通百姓完全可以根據對一個村子中的人群活動的常識來建立起對周圍世界的感知框架。所謂「普天之下，莫非王土」說的就是這個意思。因此，中國人實際上並無明確的「地方」邊界意識，中國人「地方」意識的產生其實是西方「空間」概念擠壓塑造的結果，【二】或者說是「逼」出來的結果。我們現在早已習慣用「空間」與「地方」的對立來界定自身的位置，那是因為我們在全球化的格局內被強行變成了「地方」，這完全是西方「空間」意識塑造的。

那麼什麼是「空間」?「空間」在西方的哲學理念中是具有普遍意義的一個概念。如果按照薩義德的一個說法，「空間」的存在恰恰是依賴於非西方的「地方」來加以界定的。【三】「地方」是局部的，「空間」是整體的；「地方」是被動的，「空間」是主動的。這套對立的規則不僅改變了中國人自信自身所處的熟人社會就是帝國的延伸這種傳統觀念，而且加深了自身的不安全感，因為他們無法用熟人社會的邏輯來安排日常生活。也就是說他平常的「位置感」被徹底動搖了。我們可以從醫療史的研究中發現許多例子，這些例子說明「身體」在什麼樣的狀態下必須取決於對「空間」的服從程度，儘管你可以不理解但卻必須接受。

比如做外科手術就必須是在一個封閉空間中進行，按程序必須摒絕熟人家屬的參與，這種技術程序建立在一種稱之為「委託信念」的基礎之上，簡單地說就是把親人或熟人委託給外人

【一】關於中國人如何接受一種「隱私」的觀念和私人關係的變革歷程，可參見閻雲翔：《私人生活的變革：一個中國村莊的愛情、家庭與親密關係》（上海：上海書店出版社，二〇〇六年）。

【二】例如最近程美寶的新著：《地域文化與國家認同——晚清以來「廣東文化觀」的形成》（北京：生活·讀書·新知三聯書店，二〇〇六年）就認為「廣東文化」觀的形成與近代中國人國家意識的出現密不可分。

【三】薩義德把西方知識分類中對「西方」與「東方」的二元對立劃分的生產機制揭示得很清楚，參見〔美〕薩義德著，王宇根譯：《東方學》（北京：生活·讀書·新知三聯書店，一九九九年），第一章、第二章。我則稍加變通地把東西方的對立理解為「空間」與「地方」的劃分和對立關係。

進行管理的信念，這種信念反映的是現代社會的一種普遍狀態，即在追求自我的情況下熱衷於相互隔離的一種狀態，它有著深刻的宗教和世俗理念的根源。比如西方自中世紀就有把個人委託給上帝的觀念，隨後出現了「個人覺醒」的歷程，「個人」成為「主義」又與所謂「公域」的產生密不分，這似乎喻示著「個人」被委託給「上帝」這個概念的終結。儘管如此，「個人」的被凸顯雖更加強調隱私的意義，但「委託」的理念仍延續了下來，只不過「委託」的對象有所變換而已。當然，「個人」在「公域」下的自由最終也沒有擺脫現代科學制度對其加以殖民的命運，「外科手術」式的封閉只不過是這種狀態在醫療過程中的某種反映。【】

這種狀態彌漫在整個西方世界中，最後成為一種法定遵守的原則，實際上也是經過相當漫長的時間才得以實現的，但當其橫向移植到中國時，就容易引起很多類似「採割」之類聯想。因為在中國人的經驗世界裡，病人的治療過程是伴隨著親情的環繞得以進行的，整個醫療過程並非是現代意義上的技術施予的過程，而是親密關係的某種展現。但如果你不服從這封閉式的技術管理體制，那碩大無比的瘤子或什麼其他東西就會時刻成為你的另一個「他者」，這逼使中國人無可避免地陷入了一個認知悖論和宿命般的隱喻。

再比如，如果在一個現代的沿海城市裡，一個產婦原來要生產時，在某種程度上她會有一個自由選擇的範圍，比如可以選擇自己認識的產婆，或者乾脆選擇自己接生；產婆的接生舉動也不是一種單純的醫療技術，而是帶有熟人社會特徵的一系列安撫行為。可在現代城市的空間規劃中，經過現代醫療訓練的助產士就會把一個正常的生育活動變成一種純技術的監控程序，到了接生時間，他們會不厭其煩地規勸產婦赴醫院待產，傳統的產婆也經常被放置到一個訓練網絡之中受到監視。

總之，人們在熟人社會中培育出的一種「位置感」，在空間的控制和擠壓下，會服從於特定的安排。每個個體的生育和死亡也被編織進了國家整體現代化的規劃之中，個體無形中失去了許多自我選擇的權利。所以我寧可把這些貌似純醫療現象的改變，看作現代國家政治日益規訓個體生活節奏和生命體驗的一個過程。當然，對「空間」壓抑作用的強調，並不意味著中國人在接受過程中已完全失去了反抗和再塑造「空間」內涵的能力，「空間」界定了中國人的「地方」意識，同時「空間」在進入中國後也在逐漸被中國人的觀念和行為方式所改造，以致很難在原有的形態上來理解「空間」到底對中國人來說意味著什麼。

一個簡單的例子是，當醫生在農村做外科手術時，往往會被迫在一種公開的場合下進行，以打消當地民眾對手術神秘性的懷疑，結果是手術一旦公開，被民眾接受的可能性就會隨之加大，這也就會進一步使外科手術的程序日益脫離西方嚴格意義上的制度規範。這就像一場博弈

【一】〔德〕哈貝馬斯（Jürgen Habermas）特別談到了「公域」變形後對「私人領域」的侵蝕，參見〔德〕哈貝馬斯著、曹衛東等譯：《公共領域的結構轉型》，第五章「公共領域社會結構的轉型」（上海：學林出版社，一九九九年）。

的遊戲，在這場遊戲中，「地方」意識被霸權般的「空間」界定出來，「空間」也同時被加以改造而削弱了其原有的普遍意義。

四、「身體」——「空間」——「制度」

此標題出現了三個相互關聯的詞彙，中間用連線隔開呈遞進之狀態。想要說明的是，「身體」如何變成了「空間」的一個組成部分，與此同時，「空間」只有被制度化之後才能相對持久和廣泛地發揮出普遍支配的效益。頭一個應該解決的問題是，「身體」在什麼場合下被支配以及被支配的程度如何？在西醫進入中國取得支配地位之前，中醫有一個很大的特點，就是它的活動領域實際上是相對開放和流動的，他可以登門去看病，也可以坐堂應診，治療角色相對比較靈活開放，跟他的病人之間極易形成一種比較親密的互動關係。如果某個人有中醫治病的經驗的話，就可以發現病人往往有機會參與治病的過程，病人自身能夠改變藥方的名稱和劑量，甚至換了藥方後達到的效果可能跟醫生治療的效果有很大的不同。這個過程只能發生在傳統的醫患關係的背景之下，也就是說，病人「身體」和醫生之間的關係基本上是以一種熟人社會的規則和場域作為互動基礎的。【一】

西醫進入中國以後，這樣的空間關係實際上完全被改變了，首先是西醫必須要建立起它絕對的權威，也就是說如果西醫開了一個方子的話，病人是沒資格直接參與進去的，它是在一個相對封閉的空間裡面完成治療過程的，所以我們說西醫的進入實際上改變了中國人對於空間的想像和身體在空間中位置的安排，這是一個非常重要的變化。

也正因如此，我們曾經發現很多抗拒與醫院合作的故事。在相當長一段時間裡，醫院實際上是非常恐怖的，因為醫院本身是一個拒絕病人親屬進入的陌生化場所，它是由經過專門技術訓練的人在一個封閉的、不可知的狀態下完成醫療的過程。我們現在覺得把個人交託給醫生非常自然，但是這在前近代是難以想像的，因為一旦把病人託付出去之後，就意味著你無條件接受了一種制度的安排，委託到一個陌生的場所，實際上多少隔絕了他跟原來生活場所的一種基本的生活聯繫，在前現代的情況下，要想改變這樣一個根深蒂固的空間想像的觀念，其實需要一個非常漫長的過程。「空間」即使在某個特定的場合和時刻開始對中國人的身體控制發生作用，也須找一個妥帖的方式使它固定化，否則不但西醫的使命難以完成，整個西方的管理體制同樣難以大規模地持久奏效。這就自然轉入了第二個問題：即如何改變「空間」和「地方」長期呈現的兩張皮式的分割狀態？「空間」的制度化變成了改變這種狀態的一個重要途徑。

【一】參見雷祥麟：〈負責任的醫生與有信仰的病人：中西醫論爭與醫病關係在民國時期的轉變〉，載《新史學》，卷一四，一期，二〇〇三年三月。

我們可以以協和醫院為例來說明這個問題。很多人把「協和醫院」僅僅當作一個西方醫院在中國成長的個案進行研究，注意的是協和的體系建制及其內部構造；我思考的則是協和醫院對一個普通中國人來說到底意味著什麼？它作為一個機構設在中國最繁華地帶王府井的時候，它對中國人的生活狀態意味著什麼？協和醫院成立的初期，它所培育出的「協和模式」在相當長一段時間根本無法和中國民眾的生活發生實質性的關係，因為協和標準的封閉性管理和昂貴的醫療費用，使它和北京民眾的生活完全打成了兩撅，互不相干，真正的「空間」控制由於和老百姓的生活無關，實際上無法以制度化的形式固定下來。

在二十世紀二十年代的時候，蘭安生出任協和醫學院公共衛生系的系主任，他有一個基本的看法，認為醫院不應該是一個封閉的空間，要把協和醫院周圍的社區甚至整個北京城都當作醫院的邊界，所以他在醫院周圍設立了四個衛生試驗區，把內城和外城的大部分人口都覆蓋了進來。有趣的是有些醫院內的醫生開始主動出擊，不是關在醫院裡面，而是走向百姓居住的地段，他會主動去敲普通民眾的家門。整個協和醫學院從一個封閉的東西變成一個力求跟社區結合的場域之後，對中國人的影響是非常大的，協和醫院由此本身變成了一個居民社區的組成部分，至少不會像以往那樣界限分明，或者只是一個和北京生活區毫不相干的孤立空間，把醫療監控的區域疊合在了一個實際生活區域之上，或者說是醫療空間和生活空間被迅速結合起來了。

這樣做的一個直接結果是，中國人固有的生活節奏被打亂了，原來作為病人你願意去醫院就去，不願意去就算了，但是衛生區建立起來後，他不斷地去登門勸說，你的選擇意象實際上在慢慢縮小，監控程序越來越制度化了。衛生區建立起來以後，又迅速變成了各個城市紛紛效法的模式，在上海、天津、南京、廣州這些地區都建立了類似的衛生區組織，也就是說蘭安生模式雖以醫療控制的面目出現，卻最終成為城市管理的一個新型樣板，空間被制度化後才逐步實現了對普通民眾生活世界的殖民化過程，這個過程首先在城市實現以後，隨即出現一個非常大的問題，就是怎麼在鄉村推廣？

我們看到，蘭安生的學生陳志潛在鄉村搞的實驗和城市有所不同，他建立的「三級保健系統」更注重成本的計算。「空間」要想在農村實現制度化，面對的首先是如何吸納和應對「地方性知識」的問題。「地方性知識」可能是最近中國社會史研究中出現頻率最高的詞彙之一，但用「知識」來描述「地方」民眾的生活資源，有用精英化的手法去刻意比附之嫌。因為有些明明看著像「知識」的東西，不過是被百姓用來糊弄精英和官方的障眼法，背後可能是某種「地方感」的支配在起作用。「地方感」應該是基層民眾超出「知識」分類的某種感受和表達，一般是在學者的視野之外的。道理很簡單，「地方感」既然是感受，就很少有文字記載，也缺乏證據史料，故十分難以把握。不過我們仍能從一些蛛絲馬跡中感覺到「地方感」的存在和意義。「地方感」可能是比「地方性知識」更能抗拒「空間」變成制度化的利器。例如延續至今的大量多元化醫療資源的復甦和普及，並影響到了民眾的擇醫，說明其生命力的存在。由此考慮到一個問題，從身體到空間再到制度安排，這背後是什麼樣的邏輯在支配著呢？這個邏輯跟中國的傳統文化資源和地方性資源之間的關係是什麼？這肯定是需要加以重新思考的。

五、「社會動員」與「國家」

以上比較多地談了「空間」作為觀念和體制如何進入中國並最終制度化的過程。現在看來，西方的「空間」支配已經牢牢地滲透到我們日常行為的許多細節之中，甚至習以為常地變成了我們自身無意識的行為。可是也就在五六十年前，我們對「空間」的認知還處於難以確定的遊移狀態。對「空間」接受的程度也不能僅僅以知識分子的引進、介紹和傳播作為衡量標準。也就是說，儘管具備西方體制的壓迫和官方的強制性干預這些條件，普通百姓往往仍然難以在常態下自覺地接受現代制度的規訓。或者說，僅僅靠制度的一般性運作和知識分子對醫療話語的強制灌輸，尚不足以促成全體人民對這種制度化過程的支持。【一】因此，在分析「空間」如何被制度化的過程時，不能僅僅從制度本身的強制性質中想當然地得出結論，只要具備了西式的制度和政府的一般性支持，就自然會完成其現代轉型，而更應該增加一個新的認知視角，即從「社會動員」的角度來動態地理解這個過程。

就我的理解而言，「社會動員」是使近代傳進的新事物迅速向社會普及的重要手段，它比一般性的、和風細雨式的制度改革具有更為突發的暴烈特徵，更易使制度變遷實現從「臨時性」階段向「常規化」運行的大規模轉變。在中國尤其使用了多次急風暴雨式的運動方式，各種政治動員的間歇性發作甚至成為我國政治生活的一個重要特徵。如何描述這種特徵亦成為理解「現代政治」品格的一大關鍵。

如果從醫療史的角度來談，我想問的是，從身體到空間再到制度安排，僅僅是某個局部地區試驗的結果（比如在某個城市），還是它可以通過什麼樣的手段轉化為一種全民性的生活方式？

具體而言，我選擇的個案是通過分析從「反細菌戰」到「愛國衛生運動」的轉變，觀察一個臨時性的戰略規劃是運用什麼樣的動員策略，成功地轉化成一種常規性的全民運動的。我們

【一】目前的醫療史研究比較注重從醫療觀念傳播的角度理解中國人對現代醫療的接受程度，比較重要的研究見 Ruth Rogaski, *Hygienic Modernity: Meanings of Health and Disease in Treaty-PortChina*, University of California Press, 2004。有關中國知識分子關於「衛生」概念的引進和討論，最近的研究可參見余新忠：〈晚清「衛生」概念演變探略〉及〈防疫・衛生行政・身體控制：晚清清潔觀念與行為的演變〉兩文，均發表於「社會文化視野下的中國疾病醫療史」國際學術研討會（天津，二〇〇六年八月）。但我以為，近代知識圈中對「衛生」的理解其實並不意味著中國人從整體上接受了「衛生」觀念，中國人在普遍意義上接受此觀念並轉換為行動，最終尚需經過社會動員的一套複雜操作程序才得以完成。

知道，一九五二年，據說美國在朝鮮和中國東北地區投放了很多細菌，對於這次細菌戰的規模到底有多大，目前仍存在爭議。但是有一點非常有意思，「反細菌戰」在當時是以中國作為現代國家抵抗帝國主義侵略的軍事行動來實施的，所以在安排反細菌戰的時候，東北被劃分成了特殊的軍事防禦區，但是不久就發現「細菌戰」威脅引起了普遍恐慌，其範圍已大大超越了東北這樣的局部地區，在地方上很多人認為「細菌彈」比原子彈還厲害。後來國家領導人發現，如果能把反細菌戰從一種臨時性的行動轉化為一種常規性的運動的話，將使人民更加增強自身的凝聚力。

值得注意的是，這種政治動員的策略是以傳播現代衛生知識的行為模式滲透到廣大農村去的，「醫療」由此轉化成了政治動員策略的一個組成部分，我還特意分析了上層如何通過運用「顛倒的想像」這個宣傳手段把細菌這樣一種很可怕的東西，變成了抵抗西方帝國主義的民族主義抗爭話語。我們都知道近代以來，「東亞病夫」稱號的流行被認為是中國人自身不衛生、不乾淨，跟世界的潮流不接軌造成的，中國人一直感到很自卑，老覺得自己和西方人比不正常，是「病人」，也總是叫嚷著要摘掉這頂帽子。正如有的論者所表述的，這樣一種想像方式其實是西方傳教士加以規訓的結果，充滿了「東方主義」式的臆測和聯想。【一】

但是後來在反細菌戰時期，這種自我的想像卻被顛倒了過來，其表述的意思是，「細菌」不是我們自身身體產生出來的，而是美國人通過朝鮮戰爭丟給我們的，使我們變成了「病人」。通過這個顛倒的想像，疾病的來源被轉移到了外界，從而變成了激發民族主義情緒很有力的工具。其效果是雙面的，一方面經過反美帝宣傳，普通中國人開始對細菌以及傳播渠道等衛生常識有了基本的認知；另一方面，對衛生進行普及宣傳的更深層涵義是，普通的中國人都會意識到，強身健體已經不再是什麼個人行為，而是使我們的民族國家在世界面前樹立起強大的自我形象的一個很重要的步驟。因此，又為社會動員式的政治參與提供了行動的合法性。

最後想強調的是，我們突出了在社會動員中意識形態的形成過程，並不意味著我們應該過高估計這種過程所起的作用。過去在評價新中國成立之初這段歷史時，總是強調政治動員干預力量的強大及其對民間日常生活無所不在的滲透作用。實際上即使是最意識形態化的時代，「地方傳統」仍有可能以變通的形式發揮其活力，儘管其作用可能是極其有限的，卻仍有可能改變和塑造上層政治的選擇，但這個過程是個反覆博弈的結果，而不是單向的力量能夠單獨實現的。最近的社會史研究為了擺脫傳統政治史對上層機制支配力量的過度關注，特別主張傳統的地方性因素對政治轉變的支配性作用。而我則認為，上層和下層（包括人類學關注的村莊一級）只有經過反覆博弈才能達成某種有限的共識和平衡，只強調其中的一個方面，似均不足以對「現代政治」有一個全面的解釋。

【一】參見劉禾：《語際書寫——現代思想史寫作批判綱要》（上海：上海三聯書店，一九九九年），頁六七——一〇四。

以上簡略地闡明了如何從醫療史的角度理解「現代政治」的問題。我的基本看法是，對政治史的理解不應該僅僅局限在對上層制度變遷的解讀上，也不僅僅限於從社會史的視角詮釋其在某個地方脈絡中發揮的作用，而應該從細微的身體感覺出發，通過對身體在空間位置變化的觀察，仔細解讀其制度化的過程。既注意「個體」感受的精微，又顧及諸如社會動員的規劃過程這樣的宏大景觀，並力求在銜接兩者的關係上重建政治史的敘事。

作者簡介

楊念群，教育部人文社會科學重點研究基地中國人民大學清史研究中心主任，教育部「長江學者」特聘教授，中國人民大學清史研究所教授，史學理論研究所所長，國家清史編纂委員會委員。

主要著作有：《儒學地域化的近代形態——三大知識群體互動的比較研究》（一九九七），《楊念群自選集》（二〇〇〇），《中層理論：東西方思想會通下的中國史研究》（二〇〇一），《雪域求法記——一個漢人喇嘛的口述史》（合編，二〇〇三），《新史學：多學科對話的圖景》（主編，二〇〇四），《昨日之我與今日之我——當代史學的反思與闡釋》（二〇〇五），《再造「病人」——中西醫衝突下的空間政治》（二〇〇六），《何處是「江南」？——清朝正統觀的確立與士林精神世界的變異》（二〇一〇），《五四的另一面：「社會」觀念的形成與新型組織的誕生》（二〇一九）等，主持《新史學》叢刊（中華書局版）及「新史學：多元對話」系列叢書。主要學術興趣是中國政治史、社會史研究，並長期致力於從跨學科、跨領域的角度探究中國史研究的新途徑。

著述年表

專著與編著：

1《甲午百年祭：多元視野下的中日戰爭》（主編），北京：知識出版社，一九九四年。

2《儒學地域化的近代形態：三大知識群體互動的比較研究》，北京：生活．讀書．新知三聯書店，一九九七年；二〇一一年增訂版。

3《空間．記憶．社會轉型——「新社會史」研究論文精選集》（主編），上海：上海人民出版社，二〇〇〇年。

4《楊念群自選集》，桂林：廣西師範大學出版社，二〇〇〇年。

5《楊度日記》，北京：新華出版社，二〇〇〇年。

6《再造「病人」——中西醫衝突下的空間政治（一八三二—一九八五）》，北京：中國人民大學出版社，二〇〇〇年。

7《中層理論——東西方思想會通下的中國史研究》，南昌：江西教育出版社，二〇〇一年；北京：北京師範大學出版社，二〇一六年增訂版。

8《新史學：多學科對話的圖景》（主編），北京：中國人民大學出版社，二〇〇三年。

9 《雪域求法記——一個漢人喇嘛的口述史》（與張健飛聯合筆述），北京：生活．讀書．新知三聯書店，二〇〇三年。

10 《昨日之我與今日之我——當代史學的反思與闡釋》，北京：北京師範大學出版社，二〇〇五年。

11 《區域社會史的比較研究》（與行龍聯合主編），北京：社會科學文獻出版社，二〇〇六年。

12 《梧桐三味》，北京：北京大學出版社，二〇〇六年。

13 《新史學（第一卷）：感覺．圖像．敘事》（主編），北京：中華書局，二〇〇七年。

14 《「五四」九十週年祭：一個「問題史」的追溯與反思》，北京：世界圖書出版公司，二〇〇九年。

15 《何處是「江南」？——清朝正統觀的確立與士林精神世界的變異》，北京：生活．讀書．新知三聯書店，二〇一〇年。

16 《新史學（第五卷）：清史研究的新境》（主編），北京：中華書局，二〇一一年。

17 《儒學地域化的近代形態》（增訂本），北京：生活．讀書．新知三聯書店，二〇一一年。

18 《「感覺主義」的譜系：新史學十年的反思之旅》，北京：北京大學出版社，二〇一二年。

19 《生活在哪個朝代最鬱悶》，桂林：廣西師範大學出版社，二〇一三年。

20 《皇帝的影子有多長》，桂林：廣西師範大學出版社，二〇一六年。

21 《澹澹清川：戴逸先生九秩華誕紀念文集》，北京：中國人民大學出版社，二〇一六年。

22 《五四的另一面：「社會」觀念的形成與新型組織的誕生》，上海：上海人民出版社，二〇一九年。

譯著：

1 巴林頓．摩爾：《民主與專制的社會起源》（與拓夫、張東東、劉鴻輝合譯），北京：華夏出版社，一九八六年。

2 《西方視野裡的中國形象》系列譯叢（與黃興濤聯合主編），北京：時事出版社，一九九八年。

論文：

一九八五年

1 〈蔡鍔與梁啟超關係初探〉，《雲南社會科學》一九八五年第六期。

2 〈歷史研究要用結構分析法〉，《文史知識》一九八五年第十二期。

一九八六年

3 〈楊度佛學思想與後期思想轉變〉，《求索》一九八六年第六期。

4 〈從佛學到唯物史觀：楊度思想轉變探源〉，《未定稿》一九八五年第七期。

5 〈打破和諧：杜維明先生儒學第三期發展說駁議〉，《青年論壇》一九八五年第一期。

一九八七年

6〈溝通歷史與未來的橋樑〉，《讀書》一九八七年第三期。

7〈傳統文化與中國近代史學〉，載張立文等主編：《傳統文化與現代化論文集》。

一九八八年

8〈近代中國知識分子參政的三種模式〉，《廣州研究》一九八五年第六期。

9〈孫中山與梁啟超歷史觀比較論〉，《近代史研究》一九八五年第一期。

10〈儒學的地域化與近代中國知識分子人格的二重取向——兼論兩個地域文化群落的比較研究〉，《走向未來》第三卷第四期，一九八八年十二月。

一九八九年

11〈佛教神秘主義：《大同書》的邏輯起點〉，《廣東社會科學》一九八九年第二期。

12〈兩個軸心的失落與五四文化選擇〉，台灣《中國論壇》一九八九年五月號。

13〈知識群體的失落與傳統理性的複歸：五四悖論研究〉，《廣州研究》一九八九年第六期。

一九九〇年

14〈有形的與無形的〉，《讀書》一九九〇年第四期。

一九九一年

15〈知識分子改革中國的模式〉，《二十一世紀》一九九一年第六期。

16〈書生襟抱本無垠〉，《讀書》一九九一年第一期。

一九九三年

17〈地域文化衝突的近代縮影——時務學堂之爭再評析〉，《中國社會科學季刊》一九九三年二月號。

18〈權力凝聚的象徵——湖湘書院與區域文化霸權〉，《中國社會科學季刊》一九九三年三月號。

一九九四年

19〈楊度和帝王之學〉，《二十一世紀》一九九四年二月號。

20〈感情歷史的詮釋：停滯的帝國與中西文化的比較觀〉，《中州學刊》一九九四年第二期。

21〈梧桐三味〉，《讀書》一九九四年第十一期。

22〈宗教功能的本土化詮釋——楊慶坤「中國社會中的宗教」讀後〉，《中國書評》一九九四年十一月號。

23〈空餘高詠滿江山〉，《讀書》一九九四年第四期。

24〈我看曾國藩現象〉，《二十一世紀》一九九四年十二月號。

一九九五年

25〈甲午戰爭前後中國知識群體類型的演變——一個知識社會學的考察〉，載《甲午百年祭》，北京：

知識出版社，一九九五年。

26〈士大夫的流產變革〉，載許紀霖等主編：《中國現代化史》（第一卷），上海三聯書店一九九五年。

27〈「市民社會」研究的一個中國案例：有關兩本漢口研究著作的論評〉，《中國書評》一九九五年五月號。

28〈近代中國研究中的市民社會——方法及限度〉，《二十世紀》一九九五年十二月號，又載張靜主編：《國家與社會》論文集，杭州：浙江人民出版社，一九九五年。

29〈近代「嶺南文化中心說」典型述論〉，《現代與傳統》（第九輯），廣州：嶺南美術出版社，一九九五年。

30〈思想與學術豈能如此二分：就九十年代學風質疑於朱學勤、陳少明兩先生〉，《中國書評》一九九五年七月號。

31〈構造非儒的縱橫家形象〉，《中國書評》一九九五年十二月號。

一九九六年

32〈「應然態民主觀」的現代範本——評鄧小軍新著的歷史邏輯與現實邏輯〉，《中國社會科學季刊》一九九六年十一月號。

33〈在神秘叫魂案的背後〉，《讀書》一九九六年第八期。

34〈晚清今文經學崛起的社會史理路：讀艾爾曼新著〉，《二十一世紀》一九九六年四月號。

一九九七年

35〈儒學內在批判的現實困境：余英時現代儒學論簡評〉，《二十一世紀》一九九七年四月號。

36〈禮物交換的本土精神〉，《讀書》一九九七年第二期。

37〈西醫傳教士的雙重角色在中國本土的結構性緊張〉，《中國社會科學季刊》一九九七年五月號。

38〈學術空間與權力話語〉，《讀書》一九九七年第六期。

39〈唯理主義的社會改造設計和文化傳統〉，《中國社會科學季刊》一九九七年八月號。

40〈歷史記憶之鑒〉，《讀書》一九九七年第十一期。

41〈基層教化的轉型：鄉約與中國治道之變遷〉，《學人》（第十一輯），杭州：浙江文藝出版社，一九九七年。

42〈「地方感」與西方醫療空間在中國的確立〉，《學人》（第十二輯），杭州：浙江文藝出版社，一九九七年。

一九九八年

43〈想像中的真實 真實中的想像〉，《博覽群書》一九九八年第一期。

44〈社會福音派與鄉村建設運動的理論與組織基礎〉，《道風山漢語神學學刊》一九九八年春季號。

45〈論維新時代關於「習性」的構想及其意義〉，《浙江社會科學》一九九八年第五期。

46〈我為什麼選擇了走向邊緣？〉，《開放時代》一九九八年十月號。

47〈從知識／權力的互動關係看書院功能的演變：以湖湘書院為例〉，《中國書院》（第二輯）湖南教育出版社一九九八年十二月。

48〈中國歷史上的正統觀及其蠻性遺留〉，《學術思想評論》（第四輯），沈陽：遼寧大學出版社，一九九八年。

49〈楊念群談「儒學地域化」概念的使用〉，《中華讀書報》一九九八年七月一日。

50〈什麼是思想的原創性〉，《中華讀書報》一九九八年九月二日。

51〈知識論與歷史研究〉，《中國書評》一九九八年二月號。

一九九九年

52〈女人會説話嗎？〉，《讀書》一九九九年第一期。

53 羅威廉〈晚清帝國的市民社會問題〉（與鄧正來合譯），載《國家與市民社會》論文集，北京：中央編譯出版社，一九九九年。

54〈常識性批判與中國史學的困境〉，《讀書》一九九九年第二期。

55〈為中國的十八世紀立「傳」〉，《中華讀書報》一九九九年六月二日。

56〈福柯：思想界的恐怖分子〉，《好書》一九九九年七月、八月號。

57〈蘭安生模式與民國初年北京的生死控制及空間轉換〉，《社會學研究》一九九九年第四期。

58〈傳統到底是怎麼了？〉，《中國圖書商報．書評周刊》一九九九年九月二十八日。

59〈歷史研究如何人類學化？〉，《中華讀書報》一九九九年九月二十八日。

60〈中國視野裏的西方思想〉，《中國圖書商報．書評週刊》一九九九年十一月十六日。

二〇〇〇年

61 〈東西思想交匯下的中國社會史研究：一個問題史的追溯〉，《學術思想評論》（第七輯），沈陽：遼海出版社，二〇〇〇年。

62 〈北京「衛生示範區」的建立與城市空間功能的轉換〉，《北京檔案史料》二〇〇〇年第一期。

63 〈我們時代的「文化英雄」〉，《讀書》二〇〇〇年第八期。

64 〈美國中國學研究的範式轉變與中國史研究的現實處境〉，《清史研究》二〇〇〇年第四期。

二〇〇一年

65 〈「幸鴻銘現象」的起源與闡釋：虛擬的想像抑或歷史的真實？〉，《浙江社會科學》二〇〇一年第二期。

66 〈華北青苗會的組織結構與功能演變〉，《中州學刊》二〇〇一年第三期。

67 〈從「資治」到「反思」：中國社會史研究的新轉向〉，《天津社會科學》二〇〇一年第四期。

二〇〇二年

68 〈過渡時期歷史的另一面〉，《讀書》二〇〇二年第六期。

69 〈從科學話語到國家控制：纏足由美變醜歷史進程的多元分析〉，《北京檔案史料》二〇〇二年第四期。

二〇〇三年

70 〈中國現代史學傳統的變異與整合〉，《中國人文社會科學論壇二〇〇二》，北京：中國人民大學出版社，二〇〇三年。

71 〈中國人文社會科學發展研究報告二〇〇二〉，北京：中國人民大學出版社，二〇〇三年。

72 〈後現代思潮在中國〉，《開放時代》二〇〇三年六月號。

73 〈防疫行為與空間政治〉，《讀書》二〇〇三年第七期。

74 〈防疫的空間政治學〉，《現代思想》（日本）二〇〇三年第七期。

75 〈理論旅行狀態下的中國史研究：一種學術問題史的解讀與梳理〉，載《新史學：多學科對話的圖景》，北京：中國人民大學出版社，二〇〇三年。

76 〈梁啟超的「過渡時代論」與「過渡期歷史觀」的構造〉，《史學月刊》二〇〇三年第六期。

二〇〇四年

77 〈儒學作為傳統中國「意識形態」合法性的歷史及其終結〉，載趙汀陽主編：《年度學術二〇〇三：人們對世界的想像》，中國人民大學出版社，二〇〇四年。

78 〈民國初年北京地區「四大門」信仰與「地方感覺」的構造——兼論京郊「巫」與「醫」的近代角色之爭〉，載孫江主編：《事件·記憶·敘述》，杭州：浙江人民出版社，二〇〇四年。

79 〈為什麼要重提政治史？〉，《歷史研究》二〇〇四年第三期。

80 〈地方性知識，地方感與跨區域研究的前景〉，《天津社會科學》二〇〇四年第六期。

81〈當代中國歷史學何以引入中層理論〉，《社會觀察》二〇〇四年十一月。

82 Disease Prevention, Social Mobilization and Spatial Politics, *The Chinese Historical Review Volume 11,* 2004, Fall.

83 The Eatablishment of Modern Health Demonstration Zones and the Reguation of Life and Death in Early Republican Beijing, *East Asian Science, Technology, and Medicine,* Number 22, 2004.

二〇〇五年

84〈何謂「東亞」？——近代以來中日韓對「亞洲」想像的差異及其後果》，《大東文化研究》（韓文）二〇〇五年六月。

85〈醫療史、「地方性」與空間政治想像〉，載黃東蘭主編：《身體．心性．權力》，杭州：浙江人民出版社，二〇〇五年。

二〇〇六年

86〈生活世界中的象徵替代〉，《社會學家茶座》二〇〇六年第三期。

87〈危機意識的形成與中國現代歷史觀念的變遷〉，載王笛主編：《新社會史三：時間．空間．書寫〉，杭州：浙江人民出版社，二〇〇六年。

88〈學術規範化問題討論路徑的再反省〉，《中國書評》二〇〇六年第四輯。

89〈康有為的烏托邦世界〉，《光明日報》二〇〇六年九月十一日。

90〈親密關係變革中的「私人」與「國家」〉，《讀書》二〇〇六年第十期。

二〇〇七年

91〈文字何以成獄——清初士人逃隱風格與江南話題〉，載《新史學（第一卷）：感覺．圖像．敘事》，北京：中華書局，二〇〇七年。

92〈「在地化」研究的得失與中國社會史發展的前景〉，《天津社會科學》二〇〇七年第一期。

93〈中國史學需要一種「感覺主義」〉，《讀書》二〇〇七年第四期。

二〇〇八年

94〈從文質之辯看清初士林與帝王思想的趨同與合流〉，《清史研究》二〇〇八年第五期。

95〈殘山剩水之喻與清初士人的出處選擇〉，載《新史學（第二卷）：概念．文本．方法》，北京：中華書局，二〇〇八年。

96〈如何從「醫療史」的視角理解現代政治〉，載《中國社會歷史評論》二〇〇八年四月號。

97〈「道統」的坍塌〉，《讀書》二〇〇八年第十一期。

98〈章學誠的「經世觀」與清初「大一統」意識形態的建構〉，《社會學研究》二〇〇八年第五期。

二〇〇九年

99〈中國歷史學如何回應時代思潮（一九七八—二〇〇八）〉，《天津社會科學》二〇〇九年第一期。

100〈我看「大一統」歷史觀〉，《讀書》二〇〇九年第四期。

101 〈「社會」是個關鍵字：五四解釋學反思〉，《開放時代》二〇〇九年第四期。
102 〈文質之辨與中國歷史觀的構造〉，《史林》二〇〇九年第十二期。
103 〈糾葛於兩個概念之間的中國歷史學〉，載陳春聲、蘇力主編：《中國社會科學三十年》論文集，北京：生活．讀書．新知三聯書店，二〇〇九年。

二〇一〇年

104 〈作為話語的「夷」字與大一統歷史觀〉，《讀書》二〇一〇年第一期。
105 〈重估「大一統」歷史觀與清代政治史研究的突破〉，《清史研究》二〇一〇年第三期。
106 〈中國文化史研究的結構性缺陷及其克服〉，《中華讀書報》二〇一〇年四月二十三日。
107 〈「儒學地域化」概念再闡釋〉，《清華大學學報》二〇一〇年第五期。
108 〈什麼才是真正的文化重建？〉，《讀書》二〇一〇年第七期。
109 〈清朝正統觀之確立〉，載《明清論叢》第十輯，北京：紫禁城出版社，二〇一〇年。

二〇一一年

110 〈英雄史觀的回歸？〉，《讀書》二〇一一年第一期。
111 〈從世界史到全球史〉，《讀書》二〇一一年第四期。
112 〈超越「漢化論」與「滿洲特性論」：清史研究如何走出第三條道路〉，《中國人民大學學報》二〇一一年第二期。

113〈清史研究的點、線與面〉，《新史學（第五卷）：清史研究的新境》，北京：中華書局，二〇一一年版。

114〈清朝帝王的「教養觀」與「學者型官僚」的基層治理模式：從地方官對乾隆帝一份諭旨的執行力説起〉，《新史學（第五卷）：清史研究的新境》，北京：中華書局，二〇一一年版。

115〈中國藝術表達中的隱喻傳統與歷史寫作〉，《天津社會科學》二〇一一年第六期。

二〇一二年

116〈何為「東亞」——近代以來中日韓對「亞洲」想像的差異及其後果〉，《清華大學學報》二〇一二年第一期。

117〈中國的「另一個近代」〉，《讀書》二〇一二年第一期。

118〈革命敘述與文化想像〉，《讀書》二〇一二年第五期。

119〈「整體」與「區域」關係之惑：關於中國社會史、文化史研究現狀的若干思考〉，《近代史研究》二〇一二年第四期。

120〈清帝遜位與民國初年統治合法性的闕失〉，《近代史研究》二〇一二年第五期。

121〈「新典範」與「舊史學」的衝突與調適〉，《中國人民大學學報》二〇一二年第六期。

122〈「中層理論」應用之再檢視：一個基於跨學科演變的分析〉，《社會學研究》二〇一二年第六期。

二〇一三年

123〈「斷裂」還是「延續」：關於中華民國史如何汲取傳統資源的思考〉，《南京大學學報》二〇一三年第一期。

二〇一四年

124〈「士紳」的潰滅〉，《讀書》二〇一四年第四期。

125〈影響十八世紀禮儀轉折的若干因素〉，《華東師範大學學報》二〇一四年第四期。

126〈新清史與南北文化觀〉，載汪榮祖主編：《清帝國性質的再商榷：回應新清史》，台北：中央大學出版中心、遠流出版，二〇一四年。

127〈上海亭子間文人之病〉，《讀書》二〇一四年第十二期。

二〇一五年

128〈中國人文傳統的再發現：基於當代史學現狀的思考〉，《中國人民大學學報》二〇一五年第六期。

129〈詮釋正統性才是理解清朝歷史的關鍵〉，《讀書》二〇一五年第十二期。

130〈科舉制終結一百一十週年祭〉，《中國經營報》二〇一五年十月三十一日。

二〇一六年

131〈貫通古今的治史風範：賀戴逸先生九十壽辰〉，《中國圖書評論》二〇一六年七號。

二〇一七年

132 〈痛打「時文鬼」——科舉廢止百年後的省思〉，《清史研究》二〇一七年第一期。

二〇一八年

133 〈新史學十五年，一點省思〉，《讀書》二〇一八年第一期。

134 〈論「大一統」觀的近代形態〉，《中國人民大學學報》二〇一八年第一期。

135 〈明末清初思想文化研究範式的轉移：以近百年相關討論為中心〉，《清史研究》二〇一八年第三期。

136 〈改革開放四十年中國歷史學的若干沉思〉，《天津社會科學》二〇一八年第三期。

137 〈重建「中華民族」歷史敘述的譜系——《重塑中華》與中國概念史研究〉，《近代史研究》二〇一八年第四期。

138 〈賣萌與政治〉，《讀書》二〇一八年第六期。

二〇一九年

139 〈「無政府」構想：「五四」前後「社會」觀念形成與傳播的媒介〉，《開放時代》二〇一九年第一期。

140 〈清朝理學、諸子學、今文經學復興的意義：兼及與晚清政治態勢的互動關係〉，《中北大學學報》二〇一九年第一期。

141 〈「經世」觀念史三題〉，《文史哲》二〇一九年第二期。

142 〈清代考據學的科學解釋與現代想像〉，《史學史研究》二〇一九年第二期。

143 〈反思西學東漸史的若干議題：從「單向文化傳播論」到知識類型轉變的現代性分析〉，《華東師範大學學報》二〇一九年第三期。

144 〈五四前後「個人主義」興衰史——兼論其與「社會主義」「團體主義」的關係〉，《近代史研究》二〇一九年第二期。

145 〈晚清時期中國民族主義思潮的學術流變——「同化論」「根基論」「建構論」之反思〉，《天津社會科學》二〇一九年第四期。

146 〈近百年來清代思想文化研究範式的形成與轉換〉，《上海交通大學學報（哲學社會科學版）》二〇一九年第四期。

147 〈清朝「文治」政策再研究〉，《河北學刊》二〇一九年第五期。

148 〈周作人的「原罪」〉，《讀書》二〇一九年第六期。